umbrales de méxico
cultura y sociedad

Los pueblos indígenas
del indigenismo a la autonomía

CONSUELO SÁNCHEZ

siglo
veintiuno
editores

siglo veintiuno editores, s.a. de c.v.
CERRO DEL AGUA 248, DELEGACIÓN COYOACÁN, 04310, MÉXICO, D.F.

siglo veintiuno de españa editores, s.a.
PRÍNCIPE DE VERGARA 78 2º DCHA. MADRID, ESPAÑA

portada de patricia reyes baca

primera edición, 1999
© siglo veintiuno editores, s.a. de c.v.
isbn 968-23-2165-4

derechos reservados conforme a la ley
impreso y hecho en méxico / printed and made in mexico

ÍNDICE

A María José
y Héctor

INTRODUCCIÓN

La composición mayoritariamente indígena del movimiento neozapatista sorprendió a la mayoría de los mexicanos. Pero más asombró el hecho de que los indígenas hubieran logrado constituir una organización que trascendía los ámbitos comunal y local en los que se les había sometido y, además, que alcanzaran una importante presencia política en el plano nacional. A ello se agregaba lo que para muchos era una novedad: las demandas indias iban más allá de las cuestiones particulares o sectoriales. La falta de interés en –o el desdén hacia– la problemática y los reclamos de los pueblos indígenas impidió ver una tendencia que, de otro modo, tal vez se habría advertido: la *nacionalización* de las luchas de los pueblos indios.[1] Por eso, mientras se esperaba que los sectores o sujetos "históricos" (cuya centralidad se daba por sentada) dieran el primer golpe antisistémico contra el proyecto neoliberal, la liebre saltó por otro lado.

En los últimos lustros, en efecto, el movimiento indígena ha venido experimentado transformaciones cualitativas que se expresan en la búsqueda de una mayor participación y articulación política en los ámbitos regional y nacional, así como en el enriquecimiento de sus demandas. Como parte de ello, las reivindicaciones de los indígenas chiapanecos, al igual que las de otros pueblos, se han amplia-

[1] Héctor Díaz-Polanco, *Autonomía regional. La autodeterminación de los pueblos indios*, México, Siglo XXI, 1991, p. 116.

do y han adquirido una nueva dimensión nacional.
A este respecto, cabe mencionar las demandas de
democracia, participación política, libertad, igualdad real, territorio, control de los recursos naturales, respeto y vigencia de los derechos humanos,
justicia, mejoramiento de las condiciones de vida
(pan, salud, vivienda, educación) y protección del
medio ambiente. Así, muchas de las demandas indígenas van ligadas al rechazo de la política neoliberal y, además, constituyen anhelos comunes de la
mayoría de la población india y no india.

Al mismo tiempo, los pueblos indígenas forta-
lecieron sus identidades étnicas. Algunos teóricos
habían hecho depender la cohesión étnica del carácter exclusivamente *comunal* de las aspiraciones indias. Se equivocaron. Los indígenas han logrado, simultáneamente, ampliar su horizonte político y
mantener sus identidades: sin dejar de ser indios,
irrumpieron en la vida nacional. Ahora buscan soluciones mediante el reconocimiento de sus derechos históricos: la autonomía territorial como el
arreglo jurídico-político que les permita ejercer tales derechos.

Este cambio en el contenido y en el alcance de las
reivindicaciones indígenas es la síntesis de varios
decenios de luchas y de diversos procesos de organización y articulación sociopolítica. Víctor M. Toledo ha identificado tres tipos de lucha: por la tierra, por el "control del proceso productivo" y la de
carácter "ecológico-político".[2] Cada una de ellas es
considerada por el autor como momentos cualitati-

---

[2] Víctor M. Toledo, "Toda la utopía: el nuevo movimiento
ecológico de los indígenas (y campesinos) de México", en J.
Moguel, C. Botey y L. Hernández (coords.), *Autonomía y nuevos sujetos sociales en el desarrollo rural*, México, Siglo XXI,
1992, pp. 42-45.

vamente diferentes de un proceso ascendente de las movilizaciones indígenas y campesinas contemporáneas: las luchas por la apropiación del proceso productivo "conforman una fase más avanzada respecto de las clásicas movilizaciones por la propiedad agraria", pero siguen siendo una etapa *"incompleta"*, porque se reducen a la búsqueda de la autogestión económica; en cambio, agrega, las luchas por demandas ecológicas constituyen un salto adelante, ya que articulan la defensa de "la naturaleza, la producción y la cultura".[3]

Este tercer tipo de lucha constituye, sin duda, un gran avance en la perspectiva del movimiento indígena, pero también adolece de limitaciones en tanto se atiene al reclamo del control y del acceso a los recursos naturales (permisos, licencias, concesiones, etc.) y al manejo ambiental, sin abordar abiertamente aspectos que tienen que ver con un nuevo ordenamiento jurídico-político nacional y con cuestiones relativas al poder y al territorio. Estas carencias hacen que, en general, las luchas "ecologistas" se vean supeditadas a la voluntad negociadora y a los intereses del gobierno, así como a las restricciones legales vigentes.

Las luchas autonómicas intentan superar esas deficiencias mediante la ampliación de las demandas y la reorientación de las acciones. Sin abandonar el reclamo de la tierra, ciertamente reivindican el control, aprovechamiento, administración y preservación de los territorios, recursos naturales y medio ambiente. Pero para hacer efectivos estos derechos, y otros más, proponen cambios constitucionales que permitan reformas profundas del Estado y el establecimiento de un régimen de autono-

---

[3] *Ibid.*, pp. 44-46.

mía. Estas transformaciones harían posible que las medidas en materia de "desarrollo", manejo y conservación de los recursos naturales y del medio ambiente –entre otros asuntos vitales para los pueblos– estén bajo el control de los gobiernos autónomos, en coordinación con los demás órdenes del sistema federal.

Así, pues, con el reclamo de autonomía las luchas de los pueblos indígenas ingresaron en una nueva fase. El arribo a este tipo de demanda ha implicado cambios de gran complejidad en las identidades indígenas y en la reflexión del movimiento indio acerca de la naturaleza del Estado y de la nación mexicana. La lucha autonómica se desprende de la crítica al carácter excluyente, antidemocrático y centralista del Estado, y conduce a la búsqueda de su transformación en un Estado multiétnico y democrático que restituya la soberanía a la nación y reconozca el derecho de los pueblos indios y no indios a autogobernarse con autonomía. Para alcanzar estas metas, el movimiento indígena ha debido explorar nuevas estrategias de alianzas con diversos sectores y organizaciones, y su inserción en luchas sociales y políticas que procuran cambios de carácter nacional.

¿Qué elementos han incidido en la adopción de una perspectiva autonomista por parte del movimiento indígena? ¿En qué medida la política indigenista oficial obstruyó y silenció los reclamos de autonomía de los pueblos? ¿Cómo se desprendió del indigenismo el movimiento indígena contemporáneo de México, dando lugar así a la constitución de un nuevo sujeto social? Estas y otras preguntas guiaron nuestra investigación. Para buscar respuestas a tales cuestiones era necesario analizar el sistema político nacional surgido de la Revolución mexicana; las posiciones asumidas por las élites y organizaciones políticas nacionales en torno a la heterogeneidad étnica del país, así como la política indigenista y agraria adoptada por el Estado mexicano. En suma, se trataba de entender cómo y por qué se impuso un régimen negador tanto de la diversidad étnica como de la pluralidad política del país. También fue preciso indagar sobre los reclamos de autonomía indígena en los primeros decenios del siglo XX, y sobre la decisión de la élite política nacional de rechazar cualquier reconocimiento y acallar cualquier reclamo de autogobierno indígena. Esta negativa explica la persistencia del conflicto étnico-nacional y la dimensión que ha adquirido en los últimos años, particularmente con la rebelión neozapatista.

Ahora bien, una vez examinada la política indigenista del Estado mexicano, había que examinar el proceso que condujo a los pueblos indios, primero, a despojarse gradualmente del dominio y del control indigenista –en tanto política oficial especialmente diseñada para ello– y después a asumir una perspectiva autonomista.

La respuesta de los pueblos indios comienza a manifestarse consistentemente en los años setenta. Ésta se da en el contexto de una crisis agropecuaria y de agravamiento de los problemas de tenencia de la tierra que afectan a las comunidades indígenas: despojos, descampesinización, desempleo, aumento de la pobreza, etc. A partir de entonces se observan cambios en el comportamiento político de los pueblos indígenas, quienes inician nuevos procesos de organización en diversas regiones y localidades. En esta fase, destacan las luchas por la tierra, así como el comienzo del uso político de la identidad étnica y de clase en las movilizaciones indígenas, al parejo con la búsqueda de una mayor participación y articulación política en los ámbitos regional y nacional.

Puesto que no puede entenderse el movimiento indígena como un movimiento homogéneo, el presente texto procura captar la diversidad de formas de lucha, organización, participación y el tipo de reclamos abanderados. De acuerdo con sus experiencias y necesidades particulares, cada organización indígena fue incorporando nuevos conceptos y reclamos relacionados con las demandas de apropiación del proceso productivo, ecológicas, municipalistas, político-electorales, por el respeto y vigencia de los derechos humanos y de otros derechos. Consideramos que en esta dinámica social se encuentran los antecedentes necesarios y los elementos básicos para la comprensión de las nuevas tendencias de los movimientos autonomistas en curso.

También revisamos los procesos de reflexión y cambios de perspectivas en el seno del movimiento indígena, como respuesta a las nuevas amenazas y retos que el modelo neoliberal y la integración de México a la economía internacional a partir de los años ochenta representan para los pueblos indios y otros sectores de la sociedad. La percepción de que las políticas de "modernización" emprendidas por el gobierno mexicano, particularmente en los noventa, desestiman las necesidades y los intereses de los pueblos indígenas, provoca que éstos comiencen a replantear su relación con el Estado y con el resto de la sociedad, y a buscar una solución democrática al problema étnico-nacional.

La defensa de la cultura propia, de la identidad étnica, del territorio, de la naturaleza, y la definición del proyecto de autonomía van adquiriendo mayor centralidad en el pensamiento político de las organizaciones indígenas. La lucha por la autonomía tiende a asociarse con la lucha por la democracia y con el derecho a autogobernarse.

Un acontecimiento de gran importancia para la consolidación y proyección nacional de la demanda de autonomía de los pueblos indígenas fue el levantamiento zapatista de enero de 1994. La rebelión indígena de Chiapas tuvo un doble efecto. Por un lado, desató un debate público sin precedentes en torno a la legitimidad de los derechos de los pueblos indios, en particular sobre su derecho a la autodeterminación y a la autonomía. Por otro, estimuló en el resto de la población indígena del país la reafirmación de la identidad étnica y favoreció los consensos entre las organizaciones, comunidades y pueblos indios en torno al proyecto de autonomía.

En la parte final de la obra se analizan las diversas características del régimen de autonomía propuesto por el movimiento indígena y el Ejército Zapatista de Liberación Nacional (EZLN); el contenido y los alcances de los Acuerdos de San Andrés sobre derechos y cultura indígena, firmados por el EZLN y el gobierno federal en 1996; la propuesta de reformas constitucionales en materia de derechos indígenas elaborada por la Comisión de Concordia y Pacificación (Cocopa), y la iniciativa del Ejecutivo al respecto.

1. INDIGENISMO Y ESTADO CENTRALISTA

Durante los años setenta, en el campo mexicano se multiplicaron las movilizaciones sociales y surgieron numerosas organizaciones indígenas y campesinas, autoproclamadas como independientes, en los ámbitos local, regional y nacional. La raíz de esta creciente militancia de las organizaciones indígenas y campesinas se encontraba en la estrategia de modernización rural adoptada por el Estado a partir de 1940. Tal estrategia era diametralmente opuesta a la política agraria que había aplicado el gobierno de Lázaro Cárdenas (1934-1940), quien colocó al ejido como eje del desarrollo agrícola nacional por medio de una masiva redistribución de la tierra y de la canalización de importantes recursos hacia los sectores ejidal y comunal. Las palancas de esta política fueron los amplios programas de crédito agrícola, la asistencia técnica y las obras públicas.[1]

Las políticas agropecuarias de los gobiernos posteriores (desde 1940 hasta 1970), por el contrario, se caracterizaron por frenar el reparto agrario y revertir progresivamente los compromisos contraídos en la legislación agraria de 1917. Al respecto, se estableció la titulación individual de las parcelas ejidales y se otorgaron mayores prerrogativas a la propiedad privada, al introducirse en el artículo 27 constitucional las disposiciones sobre "inafectabi-

---

[1] Cynthia Hewitt de Alcántara, *La modernización de la agricultura mexicana, 1940-1970*, México, Siglo XXI, 1978, p. 21.

lidades ganaderas", el aumento de la propiedad privada inafectable y el derecho de amparo para los propietarios con certificados de inafectabilidad. Estos cambios propiciaron la aparición de un nuevo latifundismo, encubierto en unidades familiares o por conducto de prestanombres. Así, para finales del decenio de los sesenta, la estructura agraria del país mostraba un nuevo proceso de concentración de la tierra, con el acaparamiento de las mejores superficies de labor y de riego por parte del sector privado de la agricultura y la ganadería.

Aunque la cantidad de tierras ejidales y el número de ejidatarios aumentó ligeramente con respecto al periodo del gobierno cardenista, los terrenos recibidos desde 1940 hasta 1968 no fueron de la mejor calidad: un bajo porcentaje era de labor y, de éste, la mayoría era de temporal.[2] Además, este sector campesino, indígena y mestizo, que producía para el mercado interno, recibió escasa atención por parte del Estado: la mayoría de los ejidatarios y comuneros fueron prácticamente excluidos de las políticas de apoyos financieros y tecnológicos, así como de los créditos públicos y privados.[3]

[2] Por ejemplo, del total de tierras entregadas a los ejidos en dotación o ampliación, en el periodo 1965-1968, el 91.3% es no laborable. Del mismo total, el 8.2% era tierra de temporal y sólo el 0.5% de riego. Cf. Sergio Reyes Osorio *et al.*, *Estructura agraria y desarrollo agrícola en México. Estudio sobre las relaciones entre la tenencia y uso de la tierra y el desarrollo agrícola en México*, México, Fondo de Cultura Agraria, 1974, cuadro I-3, pp. 52-58.

[3] El número de ejidatarios beneficiados por el Banco Nacional de Crédito Ejidal, de 1940 a 1970, representaba sólo un pequeño porcentaje. Por ejemplo, en 1969, de los dos y medio millones de ejidatarios, "el Banco Ejidal apenas si atendía al 10% de su clientela potencial". Reyes Osorio *et al.*, *op. cit.*, p. 776.

Las políticas de fomento y desarrollo agropecuario impulsadas por los gobiernos poscardenistas privilegiaron la producción para la exportación, beneficiando a la burguesía agrícola, agroindustrial y agrocomercial, y a la gran propiedad ganadera, por medio de un conjunto de incentivos, créditos y cuantiosas inversiones públicas en grandes obras de infraestructura agrícola, tales como las de riego y de comunicaciones. Estas obras públicas se concentraron principalmente en los estados del norte y noroeste de la República, en donde la producción agrícola estaba orientada fundamentalmente hacia la exportación.

En las entidades del sur y sureste mexicano –particularmente en los estados de Chiapas, Campeche, Yucatán, Veracruz y Tabasco, en los que se asienta gran parte de la población indígena– el Estado fomentó el desarrollo de la gran propiedad ganadera. El estímulo a la ganadería extensiva, mediante la conversión de grandes superficies en pastizales,[4] se realizó con un costo social, económico y ecológico muy alto: invasiones y despojos de tierras comunales y ejidales; restricciones para la dotación de tierras a campesinos e indígenas; apropiación de terrenos en las áreas de bosques y selvas; erosión de tierras de uso agrícola potencial; desplazamiento de cultivos de plantación y consumo básico, y poca absorción de fuerza de trabajo.[5]

Este modelo de desarrollo agropecuario, profundamente polarizado, comenzó a manifestar su ago-

[4] El mayor crecimiento de la producción ganadera se dio desde 1970 hasta mediados de 1980, llegándose a utilizar el 40% de las tierras explotadas del país.

[5] Véase Luis M. Fernández, Ma. del Carmen García *et al.*, "Ganadería, deforestación y conflictos agrarios en Chiapas", *Cuadernos Agrarios*, núms. 8-9, nueva época, México, 1994.

tamiento a mediados de los años sesenta y estalló a
principios de los setenta. Su resquebrajamiento,
como señala Bartra, se inició con la "crisis de la agricultura campesina temporalera y destinada al mercado interno de consumo popular", y arrastró "al
conjunto del sector" agrícola,[6] que había aportado
de manera significativa al desarrollo económico del
país, particularmente al desarrollo industrial y ur-
bano, "no sólo mediante la provisión de casi todos
los productos físicos requeridos por el mercado, local y externo, y la liberación de mano de obra para
los demás sectores, sino también mediante la transferencia de considerables cantidades de capital",
por los mecanismos fiscales, bancarios, de precios y
salarios bajos.[7] Después de treinta años de permanente descapitalización y de sobreexplotación de las
tierras, así como por la ausencia de una política de
inversiones públicas y apoyos financieros adecuados para la agricultura campesina de temporal, ésta
finalmente se colapsó. Con su ruina, se desató la crisis de producción en el país y, al mismo tiempo, un
nuevo ciclo de conflictos sociopolíticos en el campo.

EL AGRARISMO DE LOS PRIMEROS DECENIOS
DEL SIGLO XX

Las reivindicaciones de los movimientos rurales
que se produjeron en los años setenta atrajeron la
atención pública y acentuaron el interés en torno a

---

[6] Cf. Armando Bartra, *Los herederos de Zapata. Movimien-*
tos campesinos posrevolucionarios en México. 1920-1980, México, ERA, 1985, p. 96.
[7] Sergio Reyes Osorio, *op. cit.*, p. 143.

las cuestiones agraria e indígena. Estas problemáticas fueron centrales en los tres primeros decenios del siglo XX, como consecuencia de la Revolución mexicana. De 1910 a 1920, la reforma agraria llegó a convertirse en un problema social de primer orden, gracias a la persistencia y firmeza de los zapatistas y de muchos otros agraristas insurrectos.[8] Una originalidad de los reclamos de estos revolucionarios consistió precisamente en la vinculación que establecieron entre la problemática agraria y la cuestión indígena. En el Plan de Ayala de 1911, los zapatistas expusieron, además de sus principios revolucionarios, el carácter de sus exigencias agrarias: la restitución de las tierras, aguas y bosques a los pueblos y comunidades indígenas que tuvieran los títulos correspondientes (o los títulos legales anteriores a las Leyes de Reforma de 1856, como se especificó en la Ley Agraria zapatista de 1915), y el reparto de tierras a las comunidades y campesinos que no dispusieran de títulos.[9]

Las principales corrientes revolucionarias llegaron a coincidir en 1915 (cuando carrancistas, zapatistas y villistas elaboraron las leyes agrarias de sus respectivas fracciones) en que el régimen de concentración de la tierra engendrado por la dictadura de Porfirio Díaz era el principal obstáculo para el establecimiento de la paz y la justicia social. Sin embargo, tenían diferencias sustanciales en cuanto al tipo de tenencia de la tierra que debía predominar en el país, así como respecto de los tiempos y ritmos en la aplicación de la reforma agraria. El

---

[8] John Tutino, *De la insurrección a la revolución en México*, México, ERA, 1990, p. 286.

[9] Centro de Estudios Históricos del Agrarismo en México, *Zapata y el Plan de Ayala*, México, CEHAM, 1981, pp. 34-38.

proyecto agrario del zapatismo, expresión de las aspiraciones de las comunidades y pueblos de las regiones del centro y sur del país, le otorgaba prioridad a la creación de una agricultura campesina con base en las tradiciones de tenencia comunal y en la organización colectiva del trabajo productivo. Consideraban fundamental establecer un gobierno acorde con el Plan de Ayala para que ejecutara inmediatamente la reforma agraria.

La propuesta agraria de las otras corrientes revolucionarias (villistas y carrancistas) respondía más a las perspectivas de la población mestiza del norte, con una visión más individual que comunitaria. Carranza y Villa eran partidarios de conceder la máxima prioridad a la propiedad individual sobre la tierra y privilegiar la empresa privada en el campo, por medio de empresarios agrícolas y de una clase media rural de rancheros. Villa, por ejemplo, propuso fraccionar las grandes propiedades en parcelas y distribuirlas entre los campesinos en forma de pequeñas propiedades; asimismo, otorgarles el disfrute en común de los bosques, agostaderos y abrevaderos para garantizarles una producción adecuada tanto para el consumo familiar como para la economía nacional.[10] Carranza, después de asumir "que no podía triunfar sin un considerable apoyo del agro",[11] incluyó en su Ley del 6 de enero de 1915 ciertos aspectos de las perspectivas agrarias de los villistas y zapatistas. El cálculo político-militar, más que los principios, hizo que Carranza asumiera los derechos agrarios de los pueblos y de las comunidades indígenas.

[10] José Luis Calva, *La disputa por la tierra. La reforma del artículo 27 y la nueva Ley Agraria*, México, Fontamara, 1993, p. 37.

[11] *Ibid.*, p. 287.

Finalmente, la Constitución que resultó de la Constituyente de Querétaro de 1917, incorporó en su artículo 27 las aspiraciones agrarias de las diversas fracciones revolucionarias. Esta síntesis fue considerada como una especie de pacto o "contrato social agrario", necesario para arribar a la estabilidad política y social en el país.[12]

La nueva legislación reconocía, por primera vez en la historia del México independiente, los derechos de propiedad de las comunidades indígenas. Este derecho significó una rectificación de las ideas y prácticas de los liberales mexicanos del siglo XIX, quienes, siguiendo los postulados del individualismo económico, convirtieron en política nacional el ataque a la propiedad comunal de los indígenas, al tiempo que favorecieron la propiedad privada y la concentración de la tierra. También implicó la anulación de las Leyes de Reforma de 1856, y de todas las demás medidas legales y administrativas que habían invalidado la propiedad comunal de los indígenas y conducido a la fragmentación y al despojo de sus tierras, aguas y bosques. Estas abrogaciones condujeron al reconocimiento de los títulos de propiedad otorgados a las comunidades indígenas durante el periodo colonial.

Sin embargo, después de decretada la nueva Constitución, los pueblos indígenas tuvieron que esperar muchos años más para recuperar sus tierras, y no todos lo lograron. Además, los pueblos a los que se les restituyeron tierras no siempre recibieron el total de las comprendidas en los títulos primordiales. A decir verdad, en la mayoría de los casos la extensión restituida fue menor a la reclamada. Este incumplimiento tuvo que ver con el

[12] *Ibid.*, p. 38.

hecho de que los rebeldes agraristas no fueron los que accedieron al poder del Estado.

Las aspiraciones agraristas y la puesta en marcha de la reforma agraria llevarían un sentido y un ritmo muy distintos al pretendido por sus más firmes defensores. Los constitucionalistas en el poder se empeñaron más en la creación y el fortalecimiento de una nueva burguesía, que en darle impulso a la reforma agraria demandada. Carranza, Obregón y Calles utilizaron la bandera de la reforma agraria como un instrumento político que favorecía el impulso de otros objetivos. En el gobierno de Carranza "se les habían entregado a las comunidades campesinas más de 200 mil hectáreas", que representaban alrededor del 1%.[13] Después de 1920, Obregón y Calles adoptaron el enfoque de una economía agraria basada en la pequeña o mediana parcela y en la hacienda, a la que no pretendían eliminar. Calles incluso llegó a plantear la cancelación de la reforma agraria.

Sin embargo, el ideario agrarista del zapatismo no quedó en el olvido. Diversas corrientes políticas siguieron luchando por hacer realidad los derechos de los campesinos. Los socialistas de la Revolución mexicana (activos en el decenio de los veinte), los comunistas y el cardenismo coincidieron en aspectos básicos: luchar contra el régimen de concentración de la tierra y por la eliminación del latifundismo; aplicar una reforma agraria integral con el propósito de garantizar los derechos de los campesinos, indígenas y mestizos, establecidos en el artículo 27 de la Constitución, y convertir la organi-

[13] Berta Ulloa, "La lucha armada (1911-1920)", en *Historia General de México*, t. 2, México, El Colegio de México, 1988, p. 1161.

zación ejidal y comunal en la base tanto del desarrollo social en el campo como de la producción agrícola
del país.[14]

Al mismo tiempo, los campesinos fueron encau-
zando sus luchas por la vía de la organización política y el establecimiento de alianzas con grupos
políticos locales y nacionales. Su propósito era presionar en favor de la aplicación de la reforma agraria y, al mismo tiempo, enfrentar a los grupos ligados a los intereses de los terratenientes, quienes se
oponían a la implantación del programa agrario.[15]
El movimiento agrarista tomó un gran impulso con

[14] Para Cárdenas, el sistema ejidal debía cumplir un doble
propósito: a] satisfacer las necesidades de los núcleos de población", liberando "al trabajador del campo de la explotación
de que fue objeto", y b] proveer de productos alimenticios para
el consumo nacional, así como abastecer de materias primas a
la industria nacional y al mercado internacional. Lázaro Cárdenas, *Ideario político*, México, Serie Popular Era, 1976, pp.
130-131.

[15] El zapatista Antonio Díaz Soto y Gama fundó el Partido
Nacional Agrarista, que apoyó la candidatura de Obregón a la
presidencia "a cambio de una promesa de que el problema agrario sería atendido". Bajo la influencia del Partido Comunista
Mexicano se constituyeron las Ligas de Comunidades Agrarias
en diversos estados de la República. Úrsulo Galván, dirigente
agrarista y militante del PCM, fundó en Veracruz la primera
Liga de Comunidades Agrarias en 1923. En 1926 organizó el
Primer Congreso Nacional de las Ligas Agrarias, en donde se
fundó la Liga Nacional Campesina, con trescientos mil campesinos de dieciséis estados de la República. Hasta 1930, la Liga
constituía la organización campesina más importante del país.
A partir de esa fecha se fraccionó: una fracción de la Liga se
integró al nuevo partido oficial, al entonces denominado Partido Nacional Revolucionario; otro grupo se adhirió al Partido
Comunista, y "la abrumadora mayoría siguió a Úrsulo Galván,
quien continuó como presidente de una Liga independiente",
que adoptó el nombre de su dirigente. Sergio Reyes Osorio *et
al.*, *op. cit.*, pp. 579-601.

la política agraria del cardenismo, que se propuso acelerar la entrega de tierras a los núcleos campesinos e indígenas y también la dotación de agua, créditos y ayuda técnica.

LA NACIÓN Y LOS INDÍGENAS

Durante el proceso de organización del Estado nacional posrevolucionario, la cuestión indígena se convirtió en un tema relevante no sólo por su relación con la problemática agraria sino también por su vinculación con la cuestión nacional. La problemática étnico-nacional fue abordada en los términos de aquella época –particularmente durante los tres primeros decenios del siglo XX– por los nacionalistas integracionistas, los comunistas, los lombardistas y los indigenistas. Aunque diferían en el enfoque y en las soluciones propuestas, todos ellos compartían el interés de buscar una solución a los "problemas" que planteaba la heterogeneidad étnica del país, y de encontrar la forma de inserción de los indígenas en el Estado nacional. Echemos un breve vistazo a cada una de estas corrientes.

Nacionalismo integracionista

Para la burguesía en ascenso, los pueblos indígenas obstaculizaban la realización de su proyecto modernizador. Varios intelectuales afines a este proyecto desarrollaron un punto de vista basado en el enfoque evolucionista, el cual definía los rasgos socioculturales de los pueblos indígenas (sus costumbres, hábitos, ideas y formas propias de vida) como tradicionalistas y, al mismo tiempo, opuestos al progreso y a la civilización que representaba el México mestizo. Como solución, propusieron la incorporación de los indígenas a la civilización occidental, mediante la transformación y disolución de sus sistemas socioculturales.[16]

Aunque los nacionalistas integracionistas compartían esa idea, arrancaban de la exaltación de los valores nacionales y de la nación para concluir que la unidad de ésta era la condición para el progreso. Para arribar a la unidad nacional, en su opinión, había que construir una sociedad étnicamente homogénea. Esto implicaba la "mexicanización" del indígena; esto es, su integración en la comunidad mestiza.

Andrés Molina Enríquez, Manuel Gamio, José Vasconcelos y Moisés Sáenz,[17] sentaron las bases de una perspectiva que consideraba la heterogeneidad étnica de la población mexicana como un obstáculo para la conformación plena de la nación. Pensaban que la construcción de una verdadera nación y una identidad nacional requerían de la homogeneización de la sociedad. El México unificado brotaría del mestizaje: de la fusión racial y la unificación cultural, lingüística y económica de la sociedad.

Para estos intelectuales, la heterogeneidad étnica debía eliminarse por medio de la integración gradual de los grupos indígenas a la nacionalidad

[16] Cf. Héctor Díaz-Polanco, "La teoría indigenista y la integración", en VV. AA., *Indigenismo, modernización y marginalidad. Una visión crítica*, México, Juan Pablos Editor, 1987, pp. 20-21.

[17] Agustín Basave, "El mito del mestizo: el pensamiento nacionalista de Andrés Molina Enríquez", en Cecilia Noriega Elío (coord.), *El nacionalismo en México*, México, El Colegio de Michoacán, 1992, p. 255.

dominante (de la que aquéllos formaban parte), acrecentando así su adhesión al Estado. Para ellos, una integración exitosa significaba al mismo tiempo el fortalecimiento del Estado y de la conciencia nacional. Gamio y Vasconcelos se abocaron a la elaboración de políticas estatales para fomentar la integración. Gamio, por ejemplo, desarrolló los aspectos teóricos del indigenismo integrativo (a partir de los elementos trazados por Molina Enríquez) y las bases de un programa de acción para la política indigenista del Estado. Este programa incluía cuatro aspectos fundamentales: "equilibrar la situación económica, elevando la de las masas proletarias; intensificar el mestizaje, a fin de consumar la homogeneización racial; sustituir las deficientes características culturales de esas masas, por las de la civilización moderna, utilizando, naturalmente aquellas que presenten valores positivos; unificar el idioma a quienes sólo hablan idiomas indígenas".[18] Para el autor, en suma, la integración de los indios a la cultura nacional, con lo que supuestamente se garantizaría su ingreso al progreso y a la civilización, implicaba su transformación y desaparición en tanto grupos diferenciados.

Vasconcelos, como secretario de Educación Pública a principios de los años veinte, definió las bases de un sistema escolar gratuito y monolingüe planeado para servir a la unificación lingüística y cultural de la población y al fortalecimiento del sentimiento nacionalista. También impulsó la creación de escuelas rurales que tenían como misión ser "entidades promotoras del desarrollo de la comunidad,

[18] Manuel Gamio, *Antología* (introducción, selección y notas de Juan Comas), México, Universidad Nacional Autónoma de México, 1975, p. 35.

transmisoras de una influencia civilizadora", y "fomentar la conciencia nacional".[19] Vasconcelos fue enérgico al rechazar la posibilidad de establecer "escuelas especiales para indios" o de "crear un departamento especial de cultura indígena", porque las consideraba medidas segregacionistas. Apoyaba "el sistema de incorporación", que aplicaba "al indio la misma regla que al resto de la población".[20]

Moisés Sáenz, desde su cargo de subsecretario de Educación Pública a partir de 1924, continuó el proyecto vasconcelista de "mexicanizar" al indígena mediante el fomento del mestizaje racial y cultural. También compartía la opinión de incorporar al indígena en lo político, dándole "cabida libre, con un criterio igualitario y democrático, en el campo de la ciudadanía".[21] Esta perspectiva de estimular la integración sobre la base de la igualdad ciudadana, al mismo tiempo que se les niegan los derechos particulares a los pueblos indígenas, fue característica del pensamiento liberal. También ha sido un principio de la legislación mexicana y de la política oficial: reconocer formalmente derechos iguales de los individuos, sin importar su origen étnico, mientras se rechaza o se ve como algo inconveniente cualquier pretensión de los indígenas a gozar de derechos colectivos.

[19] Jaime Noyola Rocha, "La visión integral de la sociedad nacional (1920-1934)", en Carlos García Mora (coord. general), *La antropología en México. Panorama histórico. 2. Los hechos y los dichos (1880-1986)*, Colección Biblioteca del INAH, México, Instituto Nacional de Antropología e Historia, 1987, p. 151.
[20] *Ibid.*, p. 154.
[21] *Ibid.*, p. 155.

Autodeterminación de las nacionalidades oprimidas

Los comunistas definieron su posición respecto de la heterogeneidad étnica del país, particularmente en los años treinta, cuando el gobierno de Lázaro Cárdenas impulsó la unificación del sistema educativo del país bajo la dirección del Estado y la implantación de la escuela socialista. Debido a la importancia de los maestros para el desarrollo del proyecto educativo cardenista y el predominio del Partido Comunista Mexicano (PCM) en la organización del magisterio, este partido realizó en 1938 la Primera Conferencia Pedagógica Comunista. El tema de la educación indígena fue abordado. La educación indígena, se dijo, "no es un problema independiente, sino que, más bien, es parte de un problema general y amplio: el problema de los pueblos indígenas de México".[22] Asimismo, se consideró "el problema indígena como un 'problema nacional' ".[23]

En términos generales, los comunistas se pronunciaron en contra de las tendencias integracionistas y en favor de los derechos de los pueblos indígenas. Para ellos, la etnicidad de los indígenas no constituía el problema a resolver, como tampoco lo era la heterogeneidad étnica del país. El problema radicaba en las desigualdades económica, social,

[22] Rafael Carrillo *et al.*, *Hacia una educación al servicio del pueblo. Resoluciones y principales estudios presentados en la Conferencia Pedagógica del Partido Comunista*, México, Imprenta Mundial, 1938, p. 114.
[23] "Mas al plantear el problema indígena como una cuestión nacional, no se excluyen, sino que, al contrario, se involucran los aspectos social, jurídico y educativo del problema; pero, sobre todo, lejos de subestimar el aspecto económico, se le tiene muy presente." *Ibid.*, pp. 114-115.

jurídica, política y cultural, y en la opresión de la nacionalidad dominante sobre los grupos indígenas. Basándose en la tesis marxista-leninista sobre el problema de las nacionalidades oprimidas y su derecho a la autodeterminación, plantearon una solución pluralista a la heterogeneidad étnica del país, fundada en la igualdad sociocultural y en el derecho a la autodeterminación de los indígenas.

Como consecuencia, para los comunistas la liberación del indígena no resultaría de su integración a la cultura nacional, ni su situación podía reducirse al problema de la tierra. Su liberación vendría de la destrucción de las desigualdades, de la supresión de su condición de "nacionalidades oprimidas" y del ejercicio de su autodeterminación. Por autodeterminación, el PCM entendía el derecho de los indios a "que se den a sí mismos sus propias autoridades y decidan sus propios destinos".[24] Por otra parte, para el PCM la afirmación y la unidad nacional no suponían la homogeneización étnica, sino la defensa de la soberanía nacional frente a las amenazas imperialistas.

A esta corriente, Aguirre Beltrán la nombró "indigenismo marxista".[25] No es posible coincidir con esa denominación, pues el indigenismo, como el mismo autor argumentó en otros trabajos, es la política de Estado para procurar la integración de los indígenas a la cultura nacional. La propuesta de solución de los comunistas –la autodeterminación de los indígenas– procuraba objetivos totalmente distintos: a] reconocer la existencia de los indígenas en la nación mexicana, rechazando la imposición

[24] *Ibid.*, p. 115.
[25] Gonzalo Aguirre Beltrán, "Introducción", en Vicente Lombardo Toledano, *El problema del indio*, México, SepSetentas, 114, 1973, p. 19.

cultural, y *b*] reconocer a los grupos indígenas como colectividades políticas con derecho a autogobernarse.

Alfonso Fabila, antropólogo comunista, en su libro *Las tribus yaquis de Sonora* –estudio realizado en 1938 a petición del gobierno de Cárdenas– asume la posición del PCM. Destaca los reclamos de autonomía de los yaquis y la propuesta de reconocimiento de un consejo de gobierno indígena. El yaqui, resumía Fabila, reclama "tierras necesarias para que sus habitantes vivan y se desarrollen; no parcelamientos ejidales, reconocimiento jurídico de sus autoridades, garantías para seguir con el régimen y cultura por ellos establecido, que las razas mestiza y blanca con vínculos en sus comunidades acaten sus disposiciones sin atentar [contra] sus recursos y explotarlos". El gobierno yaqui, afirmaba, constituye una situación de hecho que "reclama normas jurídicas legales".[26]

Los yaquis, escribía Fabila, se oponen a las pretensiones del gobierno mexicano de incorporarlos a la cultura nacional y reclaman una "relativa autodeterminación". La civilización que se les quiere imponer, apuntaba el antropólogo, es la civilización capitalista en la que impera el individualismo, la propiedad privada, la explotación del hombre por el hombre y la división de clases. Estos rasgos los consideraba ausentes de, y opuestos a, la cultura de los pueblos yaquis.[27]

Fabila planteó, tomando en cuenta la forma de gobierno de los yaquis, el reconocimiento legal de

[26] Alfonso Fabila, *Las tribus yaquis de Sonora. Su cultura y anhelada autodeterminación*, México, Instituto Nacional Indigenista, 1978, pp. 12 y 17.

[27] *Ibid.*, pp. 14-15.

un organismo estructurado en forma de "consejo del pueblo", constituido con una representación proporcional de cada uno de los ocho pueblos yaquis. Este organismo regional indígena mediaría entre los pueblos y el gobierno de la República.[28] Asimismo, propuso ciertas funciones de la escuela y los principios que debían normar el programa educativo entre los yaquis. Tales principios se basaban en el reconocimiento de los sentimientos y las características sociales, culturales, económicas y políticas de los yaquis, y en el reforzamiento de su pertenencia a la nación mexicana, la patria común a todos los mexicanos. Esto es, una educación que afirmara la identidad étnica de la "Nación Yaqui" y, simultáneamente, su identidad nacional en tanto mexicanos.[29]

A partir de 1940, el PCM abandonó el planteamiento de las nacionalidades oprimidas y su derecho a la autodeterminación. La crisis por la que atravesó el partido (debido a factores nacionales e internacionales que perturbaron a la institución) lo condujo a realizar ciertos cambios en la dirigencia y a declinar en su posición con respecto a los derechos de la población indígena. En lo más agudo de la crisis, algunos de sus militantes llegaron a coincidir con las propuestas de Lombardo Toledano.

[28] *Ibid.*, pp. 17-18.
[29] *Ibid.*, pp. 302 y 304. Fabila define a la Nación Yaqui como una "comunidad estable e históricamente formada por idioma, territorio de vida económica independiente y de hábitos psicológicos colectivos propios que se reflejan en la comunidad, poseedora de cultura propia". *Ibid.*, p. 175. Esta definición de nación estaba evidentemente inspirada en la que había popularizado Stalin.

Distritos o municipios indígenas

Vicente Lombardo Toledano fue en un principio crítico de las tesis integracionistas. Siendo presidente del Comité de Educación de la CROM, en 1924, juzgó errónea la política educativa del Estado en tanto pretendía la incorporación de los indígenas en "la civilización" occidental.[30] Después de su viaje a la Unión Soviética, impresionado por la forma en que el régimen soviético había encarado el problema de la heterogeneidad étnica, Lombardo Toledano adoptó la tesis stalinista de las nacionalidades oprimidas para interpretar la realidad pluriétnica del país, y planteó que México era un pueblo de nacionalidades oprimidas desde antes de la colonia.[31]

En 1936, escribió un artículo en el que sostuvo su rechazo a la política integracionista y propuso algunas medidas "a título de solución inicial". En efecto, con ello no buscaba "resolver el problema de las nacionalidades oprimidas en México, pues éste se ha de resolver cuando exista un gobierno proletario", sino plantear la "iniciación en la solución futura" y contribuir a que los indígenas puedan "alcanzar una conciencia de clase". La propuesta consistía en: 1] cambiar la división política territorial del país para hacer distritos homogéneos, habitados exclusivamente por indígenas; 2] otorgar autonomía política a esas entidades, de tal forma que sus autoridades fueran indígenas; 3] fomentar las lenguas vernáculas y proporcionarles un alfabeto a las que no lo tuvieran; 4] crear fuentes de producción económica en las localidades indígenas, y 5] colectivi-

[30] Vicente Lombardo Toledano, *El problema del indio*, México, SepSetetentas, 1973, p. 55.
[31] *Ibid.*, p. 101.

zar el trabajo indio, así como suprimir la propiedad y la posesión individuales de la tierra en las regiones indígenas.[32]

A partir de 1940, Lombardo dio un viraje en sus posiciones: aceptó las tesis del indigenismo y, en adelante, se abstuvo de llamar a los grupos indígenas "nacionalidades oprimidas". Asimismo, evitó el uso moderno de los términos "nación" y "nacionalidad", en razón de la aversión del régimen político mexicano, fuertemente integracionista, ante cualquier idea que pudiera estimular la conciencia étnica de los indígenas y los reclamos políticos que se estipulaban en el derecho internacional a las nacionalidades. Así, Lombardo escogió la denominación de *comunidades indígenas* para caracterizar a los grupos étnicos del país y les otorgó el carácter de "minorías". Las comunidades indígenas, según su definición, eran las que conservaban un territorio común, formas económicas semejantes, una lengua vernácula, una manera propia de entender la vida, y la misma actitud psicológica ante el resto de la población del país. Esta definición era prácticamente la misma con la que Stalin había caracterizado a las naciones. Pero esto no quería decir que Lombardo sostuviera que las comunidades indígenas fueran naciones, pues dejó en claro que el uso del término nación en el caso de ciertos grupos indígenas mexicanos no tenía el sentido moderno sino el "tradicional y antiguo".[33]

---

[32] *Ibid.*, pp. 106-107.

[33] Las comunidades indígenas, escribió Lombardo, "forman verdaderas minorías peculiares en el seno de la nación mexicana, que van desde la supervivencia de la forma tribal de los antiguos cazadores recolectores de frutos, como la tribu yaqui, hasta el gran pueblo maya con característica de una nación en el sentido tradicional y antiguo de la palabra". Cf. "Discurso de

Igualmente, se redujo el alcance de la propuesta de Lombardo para resolver los problemas económicos, políticos y sociales de la población indígena. En primer lugar, desligó la problemática indígena de las transformaciones del Estado y de la nación que había planteado inicialmente, y redujo la solución al ámbito de las zonas habitadas en ese momento por las comunidades indígenas. En segundo lugar, y como consecuencia de lo anterior, el "problema" a resolver ya no era la nación mexicana en su conjunto, sino los indígenas. En el discurso de campaña de 1952, Lombardo planteó que "el problema indígena de México" estaba localizado en un número preciso de comunidades indígenas, en lo que comenzó a coincidir con el indigenismo oficial en desarrollo. La población indígena que no vivía en comunidades no constituía un problema, pues aunque hablaran una lengua autóctona, dijo, "se incorporaron ya en la gran masa del pueblo. Para estos elementos existen las reivindicaciones y los derechos de todos los mexicanos."

El mejoramiento de las condiciones de vida de las comunidades indígenas se alcanzaría, según Lombardo, a través de un conjunto de medidas gubernamentales que habían sido definidas, como veremos, en el Primer Congreso Indigenista Interamericano de 1940. Esto es, en lo básico Lombardo adoptó el indigenismo oficial, aunque mantuvo parte de su planteamiento original. Propuso, para facilitar la organización económica de los indígenas y su incorporación política: 1] el respeto (no el reconocimiento legal) al régimen de gobierno tradicio-

Vicente Lombardo Toledano, candidato del Partido Popular a la presidencia de la República, pronunciado en Ixcateopan, Guerrero, el domingo 13 de enero de 1952", *op. cit.*, p. 170.

nal de las comunidades indígenas, y 2] la modificación de la división político-territorial de los municipios en las zonas indígenas, con el fin de hacer coincidir el territorio de los municipios con las poblaciones autóctonas. Esto es, pretendía la creación de municipios étnicamente homogéneos.[34]

Esta idea lombardista de formar "municipios indígenas" fue planteada por la representación del gobierno del presidente Ernesto Zedillo en 1996, como respuesta (o contrapropuesta) a los reclamos de "municipios autónomos" y "regiones autónomas" planteados por el movimiento indígena durante el diálogo de San Andrés, Chiapas, entre el gobierno federal y el Ejército Zapatista de Liberación Nacional. Las críticas que entonces se hicieron a la propuesta gubernamental valen igualmente para evaluar la de Lombardo.[35]

[34] *Op. cit.*, pp. 162-168. Lombardo había señalado en trabajos anteriores la necesidad de rectificar la arbitraria división político-territorial de la República mexicana, por sus efectos perjudiciales para la economía general del país y sobre todo para la población indígena, de tal manera que las nuevas divisiones coincidieran con territorios homogéneos desde el punto de vista geográfico, económico, social y étnico. Las divisiones arbitrarias eran uno de los factores que habían contribuido a dividir y a desintegrar a las comunidades indígenas en diversas jurisdicciones; y por la misma razón, éstas habían sido dejadas al arbitrio de los gobiernos de mestizos y de blancos en menoscabo de los intereses y necesidades de los indígenas. Véase, "Nueva división político-territorial en las zonas habitadas por indígenas (1940)", en *op. cit.*, pp. 124-126.

[35] Héctor Díaz-Polanco advirtió sobre los límites y los peligros de la fórmula propuesta por el gobierno federal en el diálogo de San Andrés respecto de la creación de los "municipios indígenas", en contraposición a la propuesta de "municipios y regiones autónomas" planteada por la delegación zapatista. El autor expone dos puntos básicos en contra de la idea de municipios *indígenas*: 1] "privilegia el carácter de su población (su condición indígena) para definir la naturaleza del municipio,

Indigenismo   interamericano

En el Primer Congreso Indigenista Interamericano de 1940, celebrado en la ciudad de Pátzcuaro, Michoacán, se establecieron las líneas generales de la política indigenista que serviría de orientación a los Estados de América Latina con población indígena. La delegación mexicana desempeñó un papel central en la fijación de la nueva política. Formaron parte de la delegación mexicana personalidades de las diversas corrientes políticas (marxista, comunistas, agraristas, liberales, indigenistas, etc.) como Luis Chávez Orozco, Moisés Sáenz, Miguel Othón de Mendizábal, Alfonso Caso, Manuel Gamio, Vicente Lombardo Toledano, Julio de la Fuente, Andrés Molina Enríquez y Alfonso Fabila. Todos ellos, aunque sostenían distintas posiciones respecto de la problemática indígena, apoyaron la versión del gobierno cardenista, que consistía en proponer una solución al "problema indígena" por la vía de la reforma agraria y con acciones semejantes a las desarrolladas por el presidente Cárdenas.[36]

en lugar de hacer hincapié en el contenido político de éste, en su forma de constitución y organización, en sus competencias y facultades"; 2] "El énfasis supuestamente *étnico* sentaría las bases de un segregacionismo que perjudicaría, en primer lugar, a los propios indígenas. Con ello se encierra y arrincona a los pueblos indígenas." Véase H. Díaz-Polanco, *La rebelión zapatista y la autonomía*, México, Siglo XXI, 1997, pp. 211-212.

[36] El presidente Cárdenas, en el discurso inaugural de este Congreso, expuso: "México tiene entre sus primera exigencias, la atención del problema indígena y, al efecto, el plan a desarrollar comprende la intensificación de las tareas emprendidas para la restitución o dotación de sus tierras, aguas, bosques, créditos y maquinaria para los cultivos; obras de irrigación, lucha contra las enfermedades endémicas y las condiciones de insalubridad; fomento de las industrias nativas; acción educa-

En términos generales, se puede decir que la política indigenista definida en el congreso fue un sincretismo del agrarismo cardenista y del nacionalismo integracionista desarrollado por Manuel Gamio y Moisés Sáenz, entre otros. Con el tiempo, la vertiente puramente integracionista se impondría como la base del indigenismo estatal.

En las conclusiones del congreso quedó asentado el rechazo al enfoque "racial" de la problemática indígena, por considerarse que los procedimientos administrativos y jurídicos con base en ideas de superioridad o diferenciación fundados en la raza habían demostrado ser ineficaces y desfavorables para los gobiernos y la población nacional en su conjunto. Se adoptó una política "integracionista" sustentada en los principios de igualdad individual y de justicia social, con incentivos para favorecer la asimilación entre los indígenas de los recursos de la técnica moderna y de la "cultura nacional y universal". Como principios de justicia social, se establecieron el mejoramiento de las condiciones de vida de los indígenas en su alimentación, vivienda, salud, educación, así como la elevación de la producción económica de las comunidades indígenas.

Asimismo, se planteó que la incorporación de los indígenas sería tarea del Estado por medio de un conjunto de medidas gubernamentales de carácter administrativo y legislativo, con el propósito deliberado de integrar a los indígenas en la vida económica, social y cultural de la nación, y de convertirlos en un factor de importancia en la producción econó-

tiva con el fin de elevar sus condiciones de vida y para enseñarles sus derechos y responsabilidades para entrar en la comunidad nacional." Cf. Lázaro Cárdenas, *Ideario político*, *op. cit.*, pp. 174-175.

mica de sus respectivos países. Las medidas acordadas en el congreso fueron: 1] corregir los efectos nefastos del régimen de concentración de la tierra o el latifundismo; 2] dotar a los indígenas de tierras, agua, créditos y recursos técnicos; 3] fomentar pequeñas obras de irrigación y programas de construcción de caminos en las regiones habitadas por indígenas; 4] crear en las regiones indígenas centros de medicina social, preventiva y curativa con el objeto de mejorar las condiciones de salud de la población, combatir las enfermedades y promover el estudio de las plantas medicinales nativas; 5] respetar los valores positivos de la personalidad histórica y la cultura de los grupos indígenas, con el fin de facilitar su incorporación; 6] emplear los idiomas indígenas en los programas de educación o de divulgación cultural para garantizar una mejor instrucción y para hacer más efectiva la transmisión de la cultura nacional y universal.[37]

En el congreso se acordó crear el Instituto Indigenista Interamericano y se recomendó a los países de América con población indígena fundar en sus respectivas jurisdicciones un Instituto Nacional Indigenista. En 1948, en México se aprobó la Ley que creaba el INI. Alfonso Caso, quien fungió como director del INI desde 1949 hasta 1970, definió las características y los objetivos del organismo indigenista. Para Caso, la acción indigenista consistía en "una aculturación planificada por el Gobierno Mexicano", con el propósito de colocar al indígena en el camino del progreso y de su integración. La integración propuesta implicaba la transformación

---

[37] Cf. Congreso Indigenista Interamericano, *Acta final*, Pátzcuaro, Michoacán, Unión Panamericana, México, del 14 al 24 de abril de 1940.

cultural y económica de las comunidades indígenas: "No podemos, dijo, modificar simplemente la tecnología que corresponde a un estado cultural, sin cambiar también la ideología que corresponde a ese mismo estado."[38]

Para hacer efectivo este tipo de integración, argumentaba Caso, las comunidades indígenas debían colocarse bajo la dirección y control del Estado mexicano. Éste delegaría al INI la tutela de los indígenas y la función de integrarlos. Caso señaló sin tapujos esta función: "no deseamos que la comunidad indígena permanezca indefinidamente bajo nuestro control y dirección". Sólo "cuando la comunidad haya aceptado los cambios culturales indispensables" y cuando "haya sido puesta en el camino de su integración", afirmó, concluiría la sujeción de las comunidades indígenas.[39] En suma, siguiendo el razonamiento de Caso, el indigenismo, la política indigenista y el INI desaparecerían cuando los indígenas se hubieran asimilado a la cultura nacional y hubieran desaparecido en tanto grupos étnicamente diferenciados.

CONTRA EL PLURALISMO ÉTNICO

Finalmente, se impuso en el país la perspectiva de unidad nacional basada en la homogeneidad sociocultural y se rechazó la perspectiva de unidad nacional fundada en la diversidad étnica. La adopción

[38] Alfonso Caso, "Los ideales de la acción indigenista", en *Los centros coordinadores*, México, Instituto Nacional Indigenista, 1962, pp. 7-13.

[39] *Ibid.*, pp. 12-13.

del indigenismo integracionista como política del Estado mexicano, particularmente a partir de 1940, implicó la enajenación del derecho de los pueblos indígenas a autogobernarse. Gonzalo Aguirre Beltrán, discípulo y continuador del enfoque integracionista de Gamio, señaló que la "Revolución" sacrificó "el principio de la libre determinación de los pueblos para regirse conforme a sus propios patrones, pues consideró más valiosa meta la consecución de la unidad nacional como requisito ineludible en el logro de un progreso efectivo y de un modo de convivencia mejor". De este modo se les negó a las comunidades indígenas "el derecho a gobernarse conforme a sus patrones tradicionales", porque se perseguía "como objetivo primordial la integración de una comunidad nacional en que todos sus miembros participen de los beneficios de una cultura común".[40] Como se puede ver, la uniformidad cultural fue considerada como un requisito para conseguir la unidad nacional.

Aguirre Beltrán no sólo justificó la negación del derecho de los indígenas a autogobernarse; cuando él fue funcionario del INI, también desarrolló una perspectiva teórica y práctica para su integración, que fue adoptada "como versión oficial y como programa de acción por parte del Estado mexicano".[41] Para el pensador indigenista las transformaciones sociopolíticas impulsadas por la Revolución mexicana (como la reforma agraria cardenista) habían reducido la heterogeneidad étnica del país a ciertas

[40] Gonzalo Aguirre Beltrán, *Obra Antropológica IV. Formas de gobierno indígena*, México, Instituto Nacional Indigenista, Fondo de Cultura Económica, Universidad Veracruzana, Gobierno del Estado de Veracruz, 1991, pp. 55-56.

[41] Cf. Héctor Díaz-Polanco, *Etnia, nación y política*, México, Juan Pablos Editor, 1987, p. 50.

zonas que llamó "regiones de refugio", en donde se ponían en funcionamiento los mecanismos de dominación de los ladinos sobre los indígenas. Estas relaciones, denominadas por el autor "mecanismos dominicales", actuaban como fuerzas opuestas al cambio social y cultural.[42] En consecuencia, la acción indigenista debía aplicarse en estas regiones mediante los centros coordinadores regionales del INI. Su objetivo sería convertir las relaciones entre indios y ladinos fundadas en "relaciones de casta totalmente anacrónicas", en una relación de clases, propia de la moderna sociedad mexicana.[43]

Aguirre Beltrán rechazó la definición de los grupos indígenas como naciones o pequeñas nacionalidades, así como la denominación de los países latinoamericanos con población indígena como multinacionales. En su opinión, los grupos indígenas no habían logrado construir "una unidad mayor que pudiera abarcar a los componentes de un grupo lingüístico o cultural de magnitud y, mucho menos, un conglomerado más amplio que pudiera comprender una nación".[44] La estructura étnica de los grupos indígenas, según el autor, se había caracterizado por su atomización en pequeñas comunidades inde-

---

[42] Para Aguirre Beltrán los "mecanismos dominicales" eran característicos de los regímenes coloniales, los cuales consistían en la segregación racial, el control político, las relaciones de dominación-sumisión, la dependencia económica, el tratamiento desigual, el mantenimiento de la distancia y la acción evangélica. Gonzalo Aguirre Beltrán, *Obra Antropológica IX. Regiones de Refugio. El desarrollo de la comunidad y el proceso dominical en Mestizoamérica*, México, Instituto Nacional Indigenista, Fondo de Cultura Económica, Universidad Veracruzana, Gobierno del Estado de Veracruz, 1991, pp. 35-53.

[43] H. Díaz-Polanco, *Etnia..., op. cit.*, pp. 52-53.

[44] Aguirre Beltrán, *Obra Antropológica IX. Regiones..., op. cit.*, p. 189.

pendientes,[45] y esto era lo que encontraba en el país: "la presencia de una o dos decenas de millar de comunidades indígenas independientes" situadas en las regiones de refugio.[46] En consecuencia, afirmó: "No hubo ni hay naciones indígenas; hubo y hay grupos étnicos indígenas organizados en comunidades parroquiales segregadas."[47]

Para Aguirre Beltrán, la correcta definición social de la estructura organizativa del grupo étnico indígena era la comunidad indígena. Asimismo, consideró de suma importancia para la delimitación del campo de aplicación de la acción indigenista, tomar a la comunidad como parte de una región intercultural de refugio, pues la experiencia les había mostrado "que no era posible inducir el cambio cultural tomando a la comunidad como una entidad aislada, porque ésta, no obstante su autosuficiencia y su etnocentrismo, en modo alguno actuaba con cabal independencia, sino que, por el contrario, sólo era un satélite –uno de tantos satélites– de una constelación que tenía, como núcleo central, a una comunidad urbana, mestiza o nacional".[48] Por esa razón, propuso considerar "como sujeto de la acción

[45] Para el autor: "cada comunidad, místicamente ligada a su territorio, a la tierra comunal, constituye una unidad, un pequeño núcleo, una sociedad cerrada que a menudo se halla en pugna y feudo ancestral con las comunidades vecinas de las que, siempre, se considera diferente". G. Aguirre Beltrán, *Obra Antropológica IV. Formas de gobierno indígena, op. cit.*, p. 16.

[46] Según Aguirre Beltrán no sólo no había naciones o pequeñas nacionalidades, tampoco grupos étnicos organizados. Aguirre Beltrán, *ibid.*, p. 16.

[47] G. Aguirre Beltrán, *Obra Antropológica IX. Regiones...*, *op. cit.*, pp. 188-189 y 209.

[48] Gonzalo Aguirre Beltrán, "Integración regional", en *Los centros coordinadores*, México, Instituto Nacional Indigenista, 1962, p. 34.

indigenista a toda la población que habitaba en una región intercultural": indígenas y mestizos.

Entre los instrumentos para lograr la integración regional señalaba: 1] fomentar "la modernización u occidentalización de la ciudad mestiza" por medio del "fortalecimiento de la economía de la ciudad ladina por su industrialización"; 2] crear vías de comunicación "que liguen estrechamente a las comunidades satélites con el núcleo rector"; 3] vigorizar la economía indígena mediante su modernización económica, y 4] promover la castellanización y la introducción de elementos básicos de la cultura industrial en las comunidades indígenas. El objetivo básico de estas medidas, junto con la acción indigenista, era lograr "la constitución de una región cultural homogéneamente integrada".[49]

El ideólogo indigenista propuso también un conjunto de acciones para ser aplicadas directamente en las comunidades indígenas, que consistían básicamente en: 1] desconocer jurídica y políticamente las formas de gobierno indígena; 2] bloquear e impedir cualquier pretensión de los indígenas de reconstituir o construir identidades supracomunales, así como unidades sociopolíticas regionales que abarcaran a varias comunidades (como lo ilustra su rechazo de los Consejos de la Tarahumara);[50] 3] "imponer y sostener en las comunidades indígenas" el municipio libre como única forma de gobierno reconocido constitucionalmente, con el objeto de propiciar la disolución de las formas de gobierno tradicional en el "nuevo molde" e integrar a los indígenas a las formas de gobierno de la mayoría de la población

---

[49] *Ibid.*, p. 36, y *Formas de gobierno indígena*, *op. cit.*, pp. 112-113.

[50] Véase Aguirre Beltrán, *Obra Antropológica IV. Formas de gobierno indígena*, *op. cit.*, p. 76.

nacional; 4] utilizar a los indígenas que ocuparan cargos de gobierno y a otros "elementos extraídos del seno mismo de la comunidad" (funcionarios, "enfermeros, procuradores de pueblos, prácticos agrícolas y promotores culturales") para que indujeran a sus comunidades al cambio cultural, y 5] aplicar los programas de acción indigenista gubernamental, por medio del INI, para acelerar el cambio cultural en los núcleos indígenas.[51]

Para Aguirre Beltrán, la modificación del gobierno indígena dependía en gran medida del cambio cultural en los núcleos indígenas y de su integración a la vida nacional. Por tal motivo, dedicó parte de su investigación a analizar las formas de gobierno indígena, a fin de que los programas de acción gubernamental fueran efectivos en su propósito de garantizar "la total aceptación del municipio libre por la generalidad de las comunidades indígenas del país".[52]

Después de analizar la estructura de gobierno de los indígenas tzotziles y tzeltales de los Altos de Chiapas y de encontrar una superposición de tres gobiernos (el de los principales, el regional y el constitucional), estableció como metas del Centro Coordinador Indigenista con sede en San Cristóbal de Las Casas: 1] la disminución del número de funcionarios de la comunidad; 2] la secularización del poder; 3] el fortalecimiento del presidente municipal; 4] la retribución monetaria por los servicios prestados al municipio, y 5] la sustitución del secretario ladino por secretarios indígenas.[53]

[51] *Ibid.*, pp. 15-21 y 55-57.
[52] "La mayoría de las comunidades indígenas, su gente y el territorio que ocupan, constituyen en la actualidad municipios libres." *Ibid.*, pp. 17 y 57.
[53] *Ibid.*, p. 116.

Con conocimiento de los reclamos del Congreso de la Raza Tarahumara, que había demandado en sus primeros congresos (de 1939, 1944 y 1945) el reconocimiento legal de un Consejo Supremo de los Tarahumara, Aguirre Beltrán apoyó la negativa del Estado ante tales reclamos, argumentando que el reconocimiento legal de un "gobierno de tribu" supondría "un retroceso en la evolución política de la nación y crear una reservación en un país que abomina de las reservaciones" sería inadecuado. También desdeñó la propuesta de crear el "gran municipio de la Alta Tarahumara", pues consideró que eso implicaría el "aislamiento del grupo étnico, y lo que fervorosamente se desea es la integración de ese grupo dentro de la nacionalidad".[54]

El resultado fue que, en lugar de reconocer un gobierno indígena supracomunal con competencias y facultades propias, el presidente Miguel Alemán ordenó en 1952 la creación del Centro Coordinador Indigenista de la Región Tarahumara, dependiente del INI. En este organismo participaron los miembros del Consejo Supremo, ya cooptados por el gobierno, junto con los representantes de las dependencias oficiales y estatales, cuyos objetivos eran promover la integración de las comunidades indígenas a la cultura nacional.

A partir de 1940, una vez que se definió la posición oficial respecto de los grupos indígenas, así como las medidas y los instrumentos para fomentar su integración, la problemática indígena pasó a un segundo plano en el interés nacional. Aguirre Beltrán contribuiría, en el terreno teórico y con la acción indigenista, a reducir y encerrar la cuestión de la heterogeneidad étnica del país en ciertos ámbi-

---

[54] *Ibid.*, p. 76.

tos regionales restringidos. La problemática indígena "perdía así su alcance *nacional* y, más importante aún, su agudo carácter *político*".[55] La primera crítica sistemática del reduccionismo de aquel enfoque integracionista la realizaría, a mitad de los sesenta, Pablo González Casanova. En su clásica obra *La democracia en México*, este autor reinstaló la problemática de las etnias indígenas en el marco nacional y sostuvo que la construcción de la sociedad democrática requería anular las relaciones de "colonialismo interno" que configuraban la situación de los pueblos indios.[56]

Después de casi sesenta años de acción indigenista, en su versión integracionista, los resultados no han sido los esperados por sus promotores: ni se resolvieron los problemas socioeconómicos de los indígenas ni éstos fueron disueltos por la acción gubernamental. A finales del siglo XX, por el contrario, los pueblos indígenas se han revitalizado: han fortalecido su conciencia étnica y han ampliado sus demandas políticas. El aferramiento del gobierno mexicano al indigenismo, como enfoque y política de Estado, se ha convertido en el principal obstáculo para el reconocimiento de los derechos de los pueblos indígenas y para buscar solución a sus necesidades socioeconómicas.

[55] H. Díaz-Polanco, *Etnia, clase y nación, op. cit.*, p. 47.
[56] Cf. Pablo González Casanova, *La democracia en México*, México, ERA, 1965, pp. 104s. También P. González Casanova, *Sociología de la explotación*, México, Siglo XXI, 1987.

CONTRA EL PLURALISMO POLÍTICO

Con una justificación similar a la esgrimida para negar a los indígenas la libertad de autogobernarse, se procedió a enajenar la autodeterminación de la población mexicana en su conjunto. Esto es, con el mismo pretexto de la "unidad nacional" se sacrificó también el pluralismo político. La idea de que todo derecho político y étnico debía subordinarse al principio supremo de la unidad nacional, llevó a identificar a ésta con la uniformidad política y étnica, y a considerar a todo grupo con posiciones distintas y opuestas al régimen como un atentado contra la integridad del país. En realidad, esta perspectiva encubría las pretensiones de la nueva élite política surgida de la Revolución mexicana: garantizar su permanencia en el poder y la continuidad de su proyecto socioeconómico. Su empeño en integrar y uniformar políticamente a la sociedad mexicana terminó por corporativizar a importantes sectores; al mismo tiempo, se inhibió la participación ciudadana en la toma de decisiones colectivas en los distintos niveles de gobierno (municipal, estatal y federal). Con ello se impidió el funcionamiento de la democracia y se enajenó el derecho de los mexicanos a autogobernarse. En su lugar, un pequeño grupo, al frente de un partido de Estado, instituyó una especie de gobierno tutelar. El tutelaje implicó la adopción de un gobierno jerárquico, en el cual una minoría pasó a dirigir el país sin subordinarse a ningún control de la población ni a procedimientos democráticos reales. De hecho, se estableció un sistema político piramidal, compuesto por dos jerarquías entrelazadas: la del gobierno y la del partido.

El partido oficial (PRI) devino en la institución política con derecho exclusivo a gobernar. Tal privilegio se justificó con las ideas de que ese partido era el heredero y continuador de los principios "revolucionarios" y el único garante de que éstos se hicieran realidad. Los miembros del "partido de la revolución" eran, desde este punto de vista, los únicos capacitados para conducir el proceso y, en consecuencia, para gobernar. Tal defensa de la hegemonía del partido único se fundaba en lo que Dahl llama "los principios del tutelaje".[57]

La centralización y concentración del poder en la figura presidencial y en el gobierno federal fue correlativa al proceso de integración y uniformidad política, lo que afectó e hizo inoperante el federalismo.

La Constitución de 1917 configuró un federalismo que le otorga al Ejecutivo del gobierno federal poderes y competencias políticas que lo colocan en una posición de supremacía frente a los demás poderes y órdenes de gobierno de la Unión, particularmente en relación con los estados de la República.[58]

[57] Robert A. Dahl ilustra cómo en diversas experiencias "la hegemonía del partido único ha sido defendida esencialmente apelando a los principios del tutelaje". Cf. Robert A. Dahl, *La democracia y sus críticos*, Barcelona, Paidós, 1993, p. 314. El tutelaje, señala el autor, parte de la idea de que "la gente común no está calificada, evidentemente, para autogobernarse", porque no comprende ni sabe defender sus propios intereses, ni mucho menos los de la sociedad global. Por lo tanto, los partidarios del tutelaje proponen que el gobierno del Estado "le sea confiado a una minoría de personas especialmente capacitadas para asumirlo en virtud de sus conocimientos o virtudes superiores". Además, estos individuos no tiene que estar *subordinados al proceso democrático*. *Ibid.*, pp. 67 y 73.

[58] El gobierno federal, al igual que el partido oficial, adquiere un papel hegemónico que deriva del hecho de que aquél "encarna y representa, a través del presidente, a la nación en su conjunto". Marcello Carmagnani, "Conclusión: el federalismo, historia de una forma de gobierno", en M. Carmagnani (coordinador), *Federalismos latinoamericanos: México-Brasil-Ar-*

Como señala Alicia Hernández, se estableció un federalismo cooperativo (entre la federación y los estados) fundamentalmente en materia de derechos sociales (educación, tierra y trabajo), y escasamente en aspectos políticos, manteniéndose "la rígida separación entre federación y estados". La ausencia, en el sistema federal, de una adecuada conjunción "entre los derechos políticos y los derechos sociales", dándose prioridad a los últimos sobre los primeros, impidió que se consolidaran en el país un pleno federalismo cooperativo y el modelo democrático-liberal concebido por la mayoría de los constituyentes.[59]

A partir de 1920 se inició un proceso de centralización y de "expansión de los poderes del Ejecutivo federal",[60] merced a un conjunto de leyes y reformas a la Constitución. En ese contexto, se crearon comisiones federales especiales, mediante las cuales se mermaron competencias a los estados –incluyendo las de carácter social– para concentrarlas en el gobierno federal. Éste fue centralizando las competencias económicas y sociales, de justicia, de derechos laborales y agrarios, de desarrollo y de aprovechamiento de los recursos naturales, energéticos y de comunicaciones, las que originalmente compartía con los estados. Éstos, en consecuencia, perdieron poder de decisión en las mismas materias. Para finales de 1930, señala Hernández, el federalismo se había transformado en un régimen centralista y corporativo, y a par-

gentina, México, Fideicomiso Historia de las Américas, El Colegio de México, Fondo de Cultura Económica, 1993, p. 402.

[59] Cf. Alicia Hernández Chávez, "Federalismo y gobernabilidad en México", en M. Carmagnani (coord.), *Federalismos latinoamericanos...*, *op. cit.*, pp. 276-277.

[60] *Ibid.*, p. 280.

tir de 1940 se desarrolló como un federalismo "devaluado".[61]

Similar situación padeció el municipio. Si bien la incorporación del municipio libre en el pacto federal constituyó una conquista de la Revolución, la naturaleza del régimen municipal (consignada en la Constitución de 1917) fue limitada.[62] Esto es, mientras que a los estados y a la federación se los concibió como entidades soberanas y libres, al municipio sólo se le reconoció la condición de ser libre, pero no soberano. Sus competencias se circunscribieron al ámbito administrativo y menos al político. Incluso sus facultades administrativas fueron restringidas, debido a que la capacidad económica y financiera del municipio quedó sujeta a las decisiones de las legislaturas locales y federales. La debilidad económica, financiera y política de los municipios los colocó en una relación de dependencia y subordinación respecto de las resoluciones de los supragobiernos.

El gobierno federal pudo utilizar su poder financiero, favorecido por la centralización de los recursos públicos, para dominar a las entidades federativas y a los municipios, y garantizar que los gobernadores y las autoridades municipales llevaran a cabo en sus respectivas jurisdicciones las estrategias políticas y económicas diseñadas en el centro.

Asimismo, la centralización de las decisiones en la distribución de los recursos públicos permitió que la federación privilegiara a los municipios y a

[61] *Ibid.*, pp. 285-289.

[62] El municipio libre se instituyó como la base del sistema federal y como parte de la división territorial, política y administrativa de los estados, con un órgano colegiado de gobierno, el ayuntamiento, elegido a través del voto universal y directo.

las regiones considerados importantes para la estrategia económica en cuestión.

En los municipios menos favorecidos, la obtención de recursos para introducir servicios básicos (como agua, luz, drenaje, etc.), o para impulsar algún programa de desarrollo local, dependió de la capacidad de las autoridades municipales para hacer gestiones ante las diversas instancias gubernamentales y burocráticas. Tal capacidad se fundaba principalmente en las relaciones políticas de las autoridades municipales con las estatales y federales.[63] Todo ello reforzaba la dependencia indicada.

En este esquema, los municipios indígenas fueron los menos favorecidos en la asignación de recursos, no sólo porque normalmente el gobierno federal los consideró de poca importancia política y económica, sino también porque las autoridades municipales indígenas tenían menos fuerza de negociación frente a las diversas esferas del poder, debido a razones derivadas de su condición de grupos oprimidos.

De manera que la desigual distribución de los recursos entre las entidades territoriales amplió las diferencias socioeconómicas entre municipios y regiones, y profundizó las inequidades en las condiciones de vida de sus habitantes. Los municipios y regiones indígenas, particularmente, al ser los menos favorecidos del conjunto, se vieron colocados en una aguda situación de desventaja permanente respecto de las otras entidades territoriales.

---

[63] En 1995, por ejemplo, de los ingresos nacionales totales, la federación proporcionaba, con carácter de participaciones, poco más del 20% a los estados. De esta masa, un 20% se destinaba a los municipios. Es decir, los municipios recibieron tan sólo el 4% de la recaudación federal.

Debido a la ausencia de mecanismos reales y eficaces para fiscalizar el uso del presupuesto nacional, el Presidente pudo manejarlo también con criterios políticos y a menudo discrecionales,[64] tales como resolver conflictos entre élites locales, corromper o cooptar a dirigentes opositores, garantizar apoyos a las decisiones del centro, conseguir aliados políticos, asegurar el triunfo priista en los comicios, impedir el desarrollo de fuerzas regionales y nacionales independientes, inhibir la posibilidad de que los partidos de oposición actuaran de manera efectiva (con el fin de eliminar las posibilidades de alternancia en el poder), mediatizar y, cuando fuese necesario, reprimir todo intento de organización y de movilización independiente de los sectores populares.[65] Con tales medidas se reafirmaba la hegemonía del partido oficial.

Así, pues, el grupo gobernante logró normar las relaciones de poder, transferir el mayor número de funciones de la sociedad al Estado y dotar al Ejecutivo de amplias, e incluso excesivas, facultades. La concentración y centralización del poder político y de los recursos públicos fueron determinantes en el proceso de expropiación de los derechos políticos de los mexicanos y en la imposición del tutelaje como

[64] Cf. Pablo Gómez, *Los gastos secretos del presidente. Caja negra del presupuesto nacional*, México, Grijalbo, 1996, *passim*.

[65] La historiografía mexicana desde 1917 hasta 1970 registra las huellas de la represión e intolerancia gubernamentales contra: los partidos de oposición (particularmente el Partido Nacional Agrarista, en 1929, y el Partido Comunista en 1929 y, sobre todo, después de 1940); los movimientos y las organizaciones campesinas independientes y radicales (como la Liga de Comunidades Agrarias, bajo la influencia de los comunistas); los cristeros; los sinarquistas; los comunistas y socialistas de los años veinte; los ferrocarrileros, y los estudiantes, entre otros.

forma de gobierno. Con el poder político y los recursos económicos en sus manos, el grupo dominante pudo centralizar la toma de decisiones e instituir un sistema jerárquico, con el presidente de la República en la cúspide: el gran tlatoani enseñoreado en la pirámide del Templo Mayor. Esto se realizó en detrimento de la autonomía de los poderes legislativo y judicial, de los organismos electorales, de los estados y municipios, de los sindicatos y las organizaciones campesinas, obreras y populares, de los pueblos indios y de la nación en su conjunto.

Todo ello dio como resultado el quebrantamiento de la voluntad de los mexicanos expresado en la Constitución de 1917. En lugar de instituirse una república representativa, democrática y federal,[66] se estableció en la práctica un régimen jerárquico, guardián y centralista.

El proceso de constitución de un gobierno central fuerte comenzó con Carranza, quien, como presidente *de facto* desde 1914, logró imponer en el Congreso Constituyente de 1917 su programa político: elevar y reforzar las facultades políticas del presidente de la República, limitando las del Poder Legislativo. Con ello, se inició un proceso de afianzamiento del presidencialismo. A raíz del asesinato de Carranza, el enfrentamiento político y la disputa por el poder entre diversas facciones revolucionarias se convirtió en el principal problema a resolver. Con el acceso de Obregón a la presidencia, en 1920, el grupo sonorense puso fin a la guerra e impulsó la

---

[66] En la Constitución de 1917 se estableció que era "voluntad del pueblo mexicano constituirse en una república representativa, democrática, federal, compuesta de Estados libres y soberanos en todo lo concerniente a su régimen interior, pero unidos en una Federación establecida según los principios de esta ley fundamental" (art. 40).

unificación de las dispersas y divididas fuerzas políticas y militares, como medio para afianzarse en el poder. Obregón, particularmente, intentó asegurar la estabilidad política de su gobierno por medio del control del ejército, que constituía, en ese periodo, la principal fuerza política. Esto lo logró en cierta medida con la reorganización de las fuerzas armadas y con la eliminación o, en su caso, neutralización y cooptación de los jefes militares opuestos a su gobierno. Asimismo, estableció una política de conciliación de intereses y "de compromisos con las facciones políticas más fuertes en cada estado". A éstas les concedió un amplio margen de autonomía para que cada grupo regional pudiera "reconstruir sus redes políticas y sociales y renovar así el preexistente clientelismo", lo que terminó "por marginar prácticamente a los sectores populares y medios de la sociedad impidiendo el renacimiento de una efectiva participación ciudadana".[67]

Calles continuó el proceso de unificación política basado en la centralización del poder con la fundación, en 1929, del Partido Nacional Revolucionario (PNR). Calles y su equipo lograron que los caudillos y altos jefes militares, los caciques regionales y principales líderes civiles con poder local, las diversas corrientes revolucionarias y los partidos estatales se integraran en el flamante partido nacional.[68] El PNR surgió como una coalición o frente de las principales fuerzas y organizaciones políticas regionales y nacionales, las cuales, una vez integradas y disciplinadas, perdieron su autonomía y quedaron

[67] Alicia Hernández Chávez, *op. cit.*, p. 279.
[68] Entre los partidos regionales que fueron absorbidos por el PNR se encontraban el Partido Socialista del Sureste, el Partido Socialista Fronterizo en Tamaulipas y el Partido Socialista Revolucionario Morelense.

subordinadas al partido y a la lógica de las élites nacionales. Con el nuevo partido, bajo el control de Calles, se buscó consolidar el Estado posrevolucionario, fortalecer la dominación estatal, encauzar los conflictos por la vía institucional y asegurar la transferencia pacífica del poder en el seno de la "Familia revolucionaria". Los dirigentes concibieron al partido oficial como el heredero de la Revolución, el representante de la nación y el forjador del nacionalismo. A los partidos de oposición se les tildó de antinacionales, contrarrevolucionarios y extranjerizantes.

El gobierno de Cárdenas llevó a cabo la organización de los "sectores" sociales y su integración en el partido oficial. Cárdenas consideró fundamental la reorganización del partido para afianzar la alianza entre las masas populares y el Estado, que las reformas sociales emprendidas por él habían favorecido. Para ello, disolvió el PNR en 1937, y al año siguiente constituyó el Partido de la Revolución Mexicana, organizado por sectores "semicorporativizados": los obreros (principalmente), encuadrados en la Confederación de Trabajadores Mexicanos (CTM); los campesinos en la Confederación Nacional Campesina (CNC), y los "sectores populares" en la Federación de Sindicatos de Trabajadores al Servicio del Estado.[69]

[69] Si bien el sector empresarial quedó fuera del PRM, "Lázaro Cárdenas –como señala Meyer– dio forma definitiva al proceso de institucionalización de la actividad política del sector patronal con la Ley de Cámaras de Comercio e Industria de 1936. Estas cámaras se convirtieron en los mediadores legítimos entre empresarios y gobierno. Fue un paso lógico en la formación de la estructura semicorporativa propiciada por el Estado." Lorenzo Meyer, "El primer tramo del camino", en *Historia general de México*, t. 2, México, El Colegio de México, 1988, pp. 1308-1309.

Con anterioridad a la constitución del nuevo partido, Cárdenas había promovido la organización, desde la base, de ligas de comunidades agrarias y de sindicatos campesinos en cada estado. La unificación de éstos, junto con otras organizaciones ya existentes, dio lugar a una sola central campesina: la CNC, fundada en 1938. También dio un gran impulso al movimiento obrero y afianzó a la CTM como la central única de trabajadores.

Cárdenas concibió la organización de los campesinos, al igual que la de los obreros, como necesaria para vencer las resistencias, particularmente de los terratenientes y de algunos sectores del ejército, en contra de la aplicación de las reformas sociales. Sin embargo, la integración de tales sectores al partido oficial les impidió reaccionar con efectividad cuando el rumbo de las reformas y de la economía se modificó. Su participación estaba "ya mediatizada y controlada" por el partido oficial, y no pudieron liberarse de su tutela. En adelante, las centrales obreras y campesinas oficiales estarían sujetas a las decisiones del partido y del presidente de la República.[70]

El gobierno de Cárdenas logró fortalecer el nacionalismo, el partido y el gobierno central con las reformas sociales y la ampliación de la participación política, sentando así las bases para que las administraciones posteriores pudieran gobernar con estabilidad política. Los gobiernos subsecuentes, sin embargo, aprovecharon la situación para cambiar el rumbo de la economía del país. Así se transitó, sin graves conflictos, de una economía nacionalista de base popular (impulsada por Cárdenas) a otra de corte desarrollista (también llamada

---

[70] Cf. Lorenzo Meyer, *ibid.*, pp. 1232-1236.

modernizadora) con base en la burguesía nacional.

El presidente Ávila Camacho inició el viraje político, económico y cultural respecto de los ideales de la Constitución de 1917 y del cardenismo, y el gobierno de Miguel Alemán consolidó la ruptura. Sin abandonar la retórica nacionalista, los temas fundamentales de los gobiernos poscardenistas, sobre todo con Alemán, fueron industrialización, burguesía nacional, unidad nacional, capital extranjero y modernidad. Los gobiernos de Ávila Camacho y Miguel Alemán intensificaron la centralización del poder y la concentración de las decisiones políticas, económicas y culturales; asimismo, incrementaron la intolerancia hacia todas las formas de oposición y disidencia, y pretendieron acabar con las diferencias políticas e ideológicas, uniformándolas. Por ese medio lograron fortalecer el corporativismo, consolidar la hegemonía del partido único y afianzar la simbiosis de éste con el gobierno.[71]

El gobierno de Ávila Camacho (1940-1946) se propuso convertir a la CNC y a la CTM en instrumentos clave del sistema político mexicano. Para ello, se removió a sus dirigencias y se hicieron varios ajustes y purgas internas (sobre todo contra los comunistas) con el propósito de eliminar las posiciones radicales. La función de la CNC sería en adelante la de mantener la estabilidad política en el campo merced al control y la sujeción de los campesinos e indígenas. La CNC lo logró por medio de: 1] la despolitización del movimiento campesino; 2] la canalización de sus reclamos por las vías legales y administrativas establecidas, y 3] la desviación de la

---

[71] Luis Javier Garrido, "El nacionalismo priista", en Cecilia Noriega Elío (coord.), *El nacionalismo en México*, México, El Colegio de Michoacán, 1992, p. 267.

lucha agraria hacia reivindicaciones productivis-
tas, justificando "el cambio de una política redistri-
butiva de tierras a otra cuyo propósito principal era
aumentar la producción".[72]

Con el gobierno de Miguel Alemán (1946-1952)
se acentuó la tendencia a eliminar el protagonismo
de las organizaciones campesinas y de los trabajadores en los procesos nacionales, disminuyendo la
fuerza política de la CNC y de la CTM dentro del partido. Precisamente, con Alemán el partido oficial se
transformó en el Partido Revolucionario Institucional (PRI). El charrismo sindical y campesino se estableció como mecanismo de control y de intermediación política entre las organizaciones sociales y
el Estado. En adelante, los principales interlocuto-
res del Estado serían las burguesías nacional y regional. El carácter antiagrarista del alemanismo
generó un importante movimiento campesino y popular que militó en la oposición.[73]

Los gobiernos de Adolfo Ruiz Cortines (1952-
1958), Adolfo López Mateos (1958-1964)[74] y Gusta-

---

[72] S. Reyes Osorio *et al.*, *op. cit.*, pp. 604-609. Algunos sectores agraristas inconformes se reagruparon en organizaciones
independientes del Estado y del partido oficial para presionar
por la aplicación de la reforma agraria. Así surgió la Unión General de Obreros y Campesinos (UGOCM), en 1949, vinculada al
Partido Popular Socialista de Lombardo Toledano. Esta organización encabezó a finales de los cincuenta luchas agrarias en
los estados del norte, con tomas de tierras de latifundistas, mos-
trando con ello que había todavía tierras que repartir.

[73] Este movimiento se constituyó en 1951 en la Unión de
Federaciones Campesinas de México, que aportó a la Federación de Partidos del Pueblo de México una de sus principales
bases sociales. La FPPM lanzó como su candidato a la presidencia de la República, para el periodo (1952-1958), al general Hen-
ríquez Guzmán.

[74] En 1963 se formó la Central Campesina Independiente,
por iniciativa de varias organizaciones campesinas indepen-

vo Díaz Ordaz (1964-1970) mantuvieron el impulso centralizador y antidemocrático. Los intentos de asimilar la nación al Estado fueron la tónica; la represión y los ataques a los opositores, la norma. Toda organización social y política que actuara fuera de los marcos institucionales establecidos (del partido y de las organizaciones oficiales) era combatido y acusado de perseguir objetivos distintos a los de la nación. Diversos grupos independientes, no integrados en la estructura política, comenzaron a manifestar su inconformidad a partir de finales de los cincuenta. Entre las principales acciones de protesta social se cuentan la huelga de los ferrocarrileros, el movimiento del magisterio y de los médicos, el jaramillismo, movimientos guerrilleros en Chihuahua (1962-1965) y Guerrero (1967-1973), y el movimiento estudiantil y popular de 1968. Este último constituyó la más vigorosa acción ciudadana contra el sistema de dominación y de control autoritario impuesto en el país. El gobierno de Díaz Ordaz reprimió violentamente a los inconformes, lo que puso al descubierto el carácter despótico del régimen político. Con ello se inició el gradual deterioro del presidencialismo, del partido oficial, de las organizaciones oficialistas y de las instituciones del Estado que mostraron complicidad en los hechos sangrientos.

dientes ligadas al Partido Comunista Mexicano. Pero la CCI se dividió al año siguiente: una de las fracciones de la CCI, identificada con el PCM, se transformó en 1975 en la Central Independiente de Obreros Agrícolas y Campesinos (CIOAC).

PROCESOS ATOMIZADORES DE LA SOCIEDAD
Y CULTURA INDÍGENAS

Diversos estudios etnohistóricos realizados en los
últimos decenios arrojan información valiosa en
torno a las sociedades indígenas prehispánicas y a
las transformaciones que éstas sufrieron durante el
proceso colonial y lo que va del periodo independiente. En primer término, ha quedado claramente
establecido que las sociedades indígenas prehispánicas, particularmente las asentadas en el área me-
soamericana, estaban estructuradas en unidades
políticas y territoriales denominadas por algunos
especialistas como señoríos o ciudades-estado. Algunos de estos señoríos eran independientes, otros
estaban integrados en grandes reinos e "imperios".

El régimen colonial produjo cambios fundamentales en las estructuras políticas indígenas, consis-
tentes "en la supresión de las instituciones políticas
mayores". Esto se expresó como la gradual desarticulación de los reinos y señoríos nativos, cuyas
partes pasaron a formar unidades administrativas
separadas. Los diversos fragmentos, tan desvincu-
lados unos de otros como lo permitió en cada momento la acción colonial, engrosaron lo que los es-
pañoles llamaron "república de indios".[75] El siste-

---

[75] Véase Pedro Carrasco, "La transformación de la cultura
indígena durante la colonia", en *Los pueblos indios y las comunidades*, Lecturas de Historia Mexicana 2, México, El Colegio
de México, 1991, pp. 3-5. Con la introducción del cabildo de
indios, el régimen colonial procuró sustituir la estructura de
gobierno prehispánico por gobiernos indígenas más adecuados
a los propósitos de sujeción y control colonial de la población.
También la territorialidad de los señoríos fue fracturada y
transformada en una multiplicidad de unidades comunales, sin
la organización superior que les daba cohesión. Así, al parejo
con la paulatina demolición del poder señorial indígena y su

ma local de gobierno indígena, gobernado por principales, fue reorganizado según el modelo de la institución municipal española, instituyendo el cabildo o ayuntamiento indígena. Éste fue conformado por los oficiales de "república" que tenían los títulos de gobernador, alcaldes ordinarios, regidores y alguacil mayor. Junto con ellos operaron otros funcionarios, como mayordomos, escribanos y alguaciles de doctrina.[76] Con el tiempo, muchos pueblos sujetos se fueron separando de sus cabeceras, "constituyéndose en comunidades con cabildos separados".[77] Todos estos cambios no impidieron que los indígenas conservaran elementos sociales y culturales prehispánicos, ya como resultado de la resistencia de los pueblos, ya porque de inmediato no contradecían, de modo real o aparente, al mismo régimen colonial.

El mencionado proceso de atomización y desarticulación de los pueblos indígenas se profundizó después de consumada la Independencia. Durante la constitución del Estado-nación, la élite dirigente, particularmente los liberales, suprimieron las instituciones heredadas del régimen colonial y la legisla-

estructura sociopolítica, cultural y económica, la organización de los indígenas se redujo al espacio comunal. Su fragmentación en una multitud de "pueblos de indios", puestos bajo la tutela de la Iglesia y de los agentes coloniales, debilitaron los vínculos intercomunitarios preexistentes e inhibieron su rearticulación.

[76] El cabildo indígena tenía funciones de gobierno, judiciales, administrativas y económicas.

[77] "Cada república de indios comprendía varios poblados, así como tierras de cultivo y monte. La sede central del gobierno local, la cabecera, se subdividía frecuentemente en barrios y era la residencia del antiguo señor o *tlatoani*, ahora llamado cacique, y de los oficiales de república. La cabecera podía tener como 'sujetos' otros pueblos". P. Carrasco, *op. cit.*, p. 4.

ción especial sobre indios. La legislación nacional desconoció no sólo el cabildo de indios, sino también los derechos de los indígenas, en tanto "corporaciones", sobre sus tierras y bienes comunales. Un conjunto de leyes impulsaron una drástica privatización o individualización de las tierras comunales, así como la sustitución del "antiguo gobierno de la república de indios" por el ayuntamiento. Pero al no tomarse en cuenta las identidades indígenas en la nueva división político-territorial del emergente Estado nacional, muchas unidades políticas sufrieron una nueva fragmentación, o separaciones arbitrarias, al conformarse los estados y municipios. La estructura territorial del municipio no siempre coincidió con los núcleos de población indígena, y en muchos lugares el municipio se integró con población indígena y mestiza. Con esta composición, los ayuntamientos fueron controlados casi exclusivamente por mestizos o criollos, "ya que los puestos se obtenían por designación e implicaban una posición económica determinada", como poseer propiedades o capital y saber leer y escribir.[78] Colocadas en esta nueva situación, muchas comunidades indígenas permanecieron de hecho "sin existencia legal, tuteladas por municipalidades mestizas".[79]

[78] Rina Ortiz Peralta, "Inexistentes por decreto: disposiciones legislativas sobre los pueblos de indios en el siglo XIX. El caso de Hidalgo", en Antonio Escobar O. (coord.), *Indios, nación y comunidad en el México del siglo XIX*, México, Centro de Estudios Mexicanos y Centroamericanos, Centro de Investigaciones y Estudios Superiores en Antropología Social, 1993, pp. 163 y 164. Al finalizar el periodo colonial, la población indígena constituía el 70% de la población total. *Ibid.*, p. 161.

[79] Jean Piel, "¿Naciones indoamericanas o patrias del criollo? El caso de Guatemala y los países andinos en el siglo XIX", en Antonio Escobar O. (coord.), *Indios, nación...*, *op. cit.*, p. 24.

Los bienes de las comunidades indígenas también fueron incorporados a los ayuntamientos, los cuales, según la legislación en la materia, podían disponer de "los bienes raíces y las tierras en común".[80] Esto provocó que muchas comunidades indígenas fueran despojadas por los no indios que tenían el dominio del ayuntamiento.

Aunque en la Constitución de 1917 se intentó rectificar el anticomunalismo de los liberales decimonónicos, reconociendo la comunidad como unidad agraria, no hubo intención de revisar a fondo su concepción individualista de la nación, en la que no había espacio para los sujetos colectivos con identidades diferenciadas ni, en consecuencia, para la pluralidad étnica. De manera que se impuso el mismo enfoque, aunque matizado, de incluir a los indígenas en la vida nacional como ciudadanos, pero excluyendo el mantenimiento de sus identidades socioculturales y, con ello, su derecho a autogobernarse. La exclusión en la Carta Magna de los derechos de los pueblos indios en tanto colectividades –hasta el limitado reconocimiento de 1992– ha hecho que éstas se mantengan como una minoría política permanente; esto es, que no tengan una participación y representación efectiva en los órganos de decisión locales y nacionales y, en consecuencia, que sus intereses y necesidades sean desestimados por la mayoría mestiza. Todo ello ha implicado que los pueblos indios carezcan de poder político y que estén imposibilitados de defender cabalmente sus intereses, así como de manejar sus propios asuntos.

Así pues, la atomización de los pueblos indios en comunidades fragmentadas fue producto de políticas deliberadas del gobierno colonial. Durante el

---

[80] *Ibid.*, p. 166.

siglo XIX, los gobiernos independientes iniciaron una ofensiva orientada a disolver las comunidades o a quitarles su sustento colectivo. Atomización e individualización tienen en común el mismo afán homogeneizador: uniformar bajo la condición genérica de "pueblos de indios" o de "ciudadanos", según el caso. Este empeño, como hemos visto, es heredado por las élites dirigentes del Estado durante prácticamente todo el siglo XX. A contrapelo de este propósito, en los últimos años los pueblos indígenas han experimentado cambios de suma importancia, que han estimulado procesos de unificación y de articulación entre comunidades en espacios municipales y regionales, lo que ha implicado una actuación encaminada a reconstituirse como pueblos y etnias. Esto va acompañado por cambios significativos de las concepciones políticas de las organizaciones indígenas.

SISTEMAS DE GOBIERNO INDÍGENAS

En la actualidad, los pueblos indígenas mantienen instituciones gubernamentales propias, formadas exclusivamente por indígenas. Cada núcleo tiene un gobierno formado por principales y un conjunto de autoridades con funciones administrativas, religiosas y de justicia, elegidas por la comunidad de acuerdo con ciertos principios de representación y de rotación de los cargos. Los principales son personas con gran prestigio y autoridad, que adquieren el rango después de haber ocupado ciertos cargos en la estructura de gobierno civil y religiosa de la comunidad, y luego de haber demostrado capacidad y conocimientos en las normas administrativas y de

justicia interna.[81] Los principales actúan en ocasiones como consejeros, y toman parte en todas las
deliberaciones trascendentes de su comunidad,
aunque ya no ejerzan ningún cargo. Su opinión es
relevante en la designación de las personas para
ocupar los cargos en los órganos de gobierno indígena y en los propios del municipio. En algunas comunidades no existen principales, pero tienen un
"consejo de ancianos" que posee características semejantes a la de los principales. Entre los yaquis,
los *pueblos*, o *congreso*, están formados por personas que ocuparon el cargo de gobernador y que asu-
men funciones similares al consejo de principales.

Si bien en la mayoría de las comunidades indígenas existe este cuerpo de principales o ancianos, no
sucede lo mismo con otro tipo de autoridades. En
muchas comunidades en las que los órganos de gobierno civil y religioso se han separado, las autoridades tradicionales con funciones civiles han
desaparecido casi por completo, pero conservan autoridades con funciones religiosas, como son los mayordomos, fiscales, alférez, semaneros, campaneros
y topiles. En estas comunidades los principales y
mayordomos suelen asumir ciertas funciones de
gobierno.

Los yaquis y los rarámuris del norte, o los tzotziles y tzeltales de los Altos de Chiapas son algunos
ejemplos de pueblos indígenas que han logrado
mantener unidos sus órganos de gobierno civil y
religioso. Cada una de sus comunidades (tribus en
el caso de los yaquis, calpulis o barrios en el caso de
los tzeltales y tzotziles) tienen, además del conse-

---

[81] En algunos pueblos donde persiste la estructura de linajes –como ocurre entre los tzeltales y tzotziles de los Altos de
Chiapas y los triquis de la región alta, en Oaxaca–, los principales son jefes de linajes.

jo de principales, un gobierno constituido por diversos funcionarios que desempeñan tareas de orden civil y religioso. En ellas hay un *gobernador* que representa la máxima autoridad civil y religiosa. El resto de los funcionarios varía en cada pueblo y comunidad. En las comunidades rarámuris, por ejemplo, el teniente y el alcalde desempeñan funciones de consejeros del gobernador y lo suplen en su ausencia, mientras el capitán es el asistente del gobernador en los asuntos administrativos del pueblo; el alguacil y sus auxiliares (topiles) ejercen tareas de policía, y el fiscal se encarga del cuidado de la iglesia junto con el mayordomo, quien realiza además otras funciones religiosas. En los pueblos yaquis, el gobernador *mayor* tiene varios asistentes designados con el nombre de gobernadores; existen también los cargos de capitanes, tenientes, sargentos y cabos, cuyo número varía según la importancia, tamaño y densidad de cada pueblo yaqui. Junto a estas autoridades se encuentran los representantes de la iglesia: maestro, sacerdotes, catequistas y *chapayecas*. En las comunidades tzotziles y tzeltales, junto al gobernador, quien ocupa el cargo de mayor jerarquía, el alcalde y el síndico están encargados de organizar y supervisar el trabajo colectivo, y de resolver los conflictos internos, entre otras tareas; los mayores y regidores tienen funciones de policía; los mayordomos, *pasión*, alférez, sacristán y un número variable de auxiliares de distinto rango están destinados a los asuntos religiosos.

Las formas de elegir a las autoridades del gobierno indígena son muy similares en las comunidades y pueblos indígenas. Todos los varones que han alcanzado el estatus de adulto pueden ser considerados para servir a la comunidad. Por lo común, las mujeres tienen derecho de voz y voto en la elección de autoridades, pero no a ser electas. Los cargos son por el periodo de un año ("cadañeros"), y una persona puede ir alternando en los cargos políticos y religiosos, y pasar de uno de menor jerarquía a otro de mayor rango sin que exista en ello una secuencia rígida. Los principales o ancianos, junto con las autoridades indígenas en turno, deciden quiénes son las personas que reúnen las condiciones para ocupar los cargos. Para elegir a las nuevas autoridades se cita al pueblo o comunidad en asamblea. Ésta discute las propuestas de los principales y de las autoridades salientes, hasta aprobar la integración total del nuevo gobierno. Los cargos son honoríficos, esto es, no hay una remuneración monetaria por su desempeño.

Estos órganos de gobierno de las comunidades y pueblos indígenas no están reconocidos en la Constitución general y, en consecuencia, el gobierno nacional tampoco está obligado a tomarlos en cuenta.[82] De modo tal, que las autoridades indígenas pueden tener más o menos ascendiente político y cultural al interior de su comunidad o pueblo, pero carecer de poder real frente al exterior.

GOBIERNO INDÍGENA E INSTITUCIÓN MUNICIPAL

Entre los pueblos indígenas del norte, por una parte, y los del centro y sur-sureste del país, por la otra,

[82] En los últimos años, diversas entidades federativas han realizado reformas en sus constituciones locales para dar cierto reconocimiento a las autoridades tradicionales. En la práctica, sin embargo, no se advierte todavía un cambio sustancial por lo que hace a un tratamiento respetuoso de esos gobiernos locales.

existe una diferencia significativa. Ésta consiste en que el funcionamiento del gobierno de algunos pueblos norteños no depende del gobierno municipal. Dicho de otra manera, el gobierno indígena mantiene cierta desconexión respecto de las autoridades municipales, negándose a incorporar en su estructura política a funcionarios vinculados con el municipio. Esta resistencia a la intromisión del ayuntamiento (compuesto casi exclusivamente por mestizos) en su organización interna, les ha permitido mantener unidos sus órganos civiles y religiosos.

Una de las singularidades de los yaquis consiste en que han logrado consolidar una estructura política representativa de todos los pueblos, a través de una especie de gobierno regional, constituido por un *consejo* y un *jefe*. En el consejo participan las autoridades de los ocho pueblos yaquis. El consejo se reúne, por lo general en Vícam Pueblo, cuando hay problemas que afectan los intereses comunes a todas las "tribus" y tienen trascendencia nacional, así como para la elección del jefe general y para juzgar algún crimen grave cometido entre sus miembros.

Probablemente, el hecho de que los ocho pueblos yaquis compartan un territorio compacto ha favorecido su organización política en la escala regional. En cambio, los rarámuris han intentado, sin lograrlo, crear un organismo regional representativo de todo el grupo étnico. Hay que tomar en cuenta, sin embargo, que esto se debe no sólo al carácter disperso de sus núcleos de población, sino también a los esfuerzos del gobierno mexicano, hasta ahora exitosos, por bloquear su articulación regional.

En la mayoría de las comunidades y pueblos del centro y sur-sureste, el gobierno indígena está de una u otra forma enlazado con el municipio.

Sin embargo, contrariamente a lo que se preveía con la política integracionista del Estado –que el municipio habría de asimilar por completo al gobierno indígena–, la estructura municipal ha permitido a muchos pueblos compensar la disminución o pérdida de los lazos comunitarios y restablecer la cohesión. Es cierto que en muchas comunidades el gobierno indígena ha perdido funciones que han sido asumidas por una autoridad municipal. Por ejemplo, el juez municipal ha logrado ejercer efectivamente las funciones judiciales que antes controlaba el gobierno indio. No obstante, los indígenas han tratado de que ese cargo, de vital importancia para el funcionamiento del derecho indígena, lo ocupen personas de la comunidad, nombradas por ellos. Cuando esto se logra, el juez municipal suele reunirse con las autoridades tradicionales antes de ejecutar alguna medida relevante para la comunidad.

Por lo general, las comunidades han asimilado algunos de los órganos de la institución municipal, imponiéndoles sus normas y criterios. Asimismo, han incorporado los puestos municipales al sistema de cargos que configura su gobierno civil y/o religioso. De modo tal que, por ejemplo, para llegar a ser *principal*, la persona debe haber servido en ciertos cargos tanto del gobierno tradicional como del municipal. Ahora bien, los efectos de la estructura del municipio en las comunidades indígenas ha dependido de varios factores, entre otros: el patrón de poblamiento disperso o compacto de los núcleos indígenas, el grado de mantenimiento o vitalidad de la misma organización sociopolítica tradicional y la composición demográfica del municipio. Se pueden registrar por lo menos tres tipos de situaciones en lo que se refiere a las relaciones entre el gobierno de los pueblos indígenas y la institución municipal:

1] Municipios indígenas. Cuando la estructura territorial y política del municipio coincide prácticamente con los núcleos de población indígena; es decir, cuando el municipio está compuesto por varias comunidades indígenas y éstas han establecido una organización unificada de los aparatos de gobierno indígena y municipal. En estos municipios, el ayuntamiento está formado casi exclusivamente por indígenas: el presidente municipal, así como los regidores y síndicos, son nombrados generalmente por las comunidades asentadas en la cabecera municipal, o cercanas a ésta. En su elección se sigue un patrón similar al utilizado para designar a las autoridades tradicionales, con la diferencia de que los funcionarios municipales son ratificados el día de la elección constitucional mediante el voto en las urnas. Los otros funcionarios municipales, como el juez, el tesorero, el comandante y los agentes municipales, son nombrados por el ayuntamiento. El hecho de que las autoridades municipales procedan de las comunidades o de barrios cercanos a la cabecera municipal condujo, en muchos casos, a que estos núcleos concentren las funciones administrativas y políticas, y capitalicen para sí los beneficios del ejercicio del poder. En la actualidad, las comunidades más alejadas, que no intervienen en medida suficiente en la selección o designación de los candidatos para ocupar puestos municipales, están exigiendo su participación, con el fin de tener una mayor incidencia en la toma de decisiones en el municipio.

2] Agencias municipales indígenas. Cuando la estructura político-territorial de las *agencias municipales* coincide con los núcleos de población indígena y las comunidades han asimilado los órganos y las funciones administrativas y judiciales de dichas agencias, vinculándolos con sus órganos de gobierno tradicional. En estos casos, las agencias se subdividen en comunidades, las cuales suelen elegir a los funcionarios locales (agente municipal y suplente, mayor municipal, secretario, comandante o jefe de policía, alcalde y suplente, y los regidores) en asambleas abiertas. Las actas con los nombres de las personas seleccionadas para cada cargo son enviadas al ayuntamiento (al presidente o juez municipal). El ayuntamiento debe ratificar en los cargos a los que fueron elegidos.

En muchos lugares las comunidades articuladas en las agencias municipales han perdido sus órganos tradicionales de gobierno civil, pero conservan la institución de la mayordomía y de los principales con funciones de gobierno. Cuando las comunidades logran controlar los cargos de la agencia municipal –generalmente porque son mayoría demográfica–, tienden a asimilarlos a su estructura tradicional, imponiéndoles sus normas y criterios. Por ejemplo, los funcionarios indígenas de la agencia municipal suelen reunirse con los principales antes de ejecutar medidas administrativas y judiciales importantes. Este procedimiento funciona como dispositivo de control de la autoridad municipal, a fin de sujetar sus decisiones a las necesidades de las comunidades y garantizar siempre que sea posible la supremacía de las normas consuetudinarias internas.

3] Comisariados o jueces municipales indígenas. Cuando las comunidades no tienen participación en el ayuntamiento ni en las agencias municipales, su relación con el ayuntamiento y la cabecera municipal se da por conducto del comisariado o juez auxiliar municipal. Junto al comisario o juez de paz con

su suplente, funcionan un secretario, un comandante y otros miembros de la comunidad que hacen
diversos servicios de apoyo (policía, correo, obras
públicas, acatamiento de acuerdos comunitarios,
etc.), a los que se suele llamar topiles. Los indígenas han procurado que estas autoridades sean elegidas por la comunidad para garantizar su sujeción
a las normas internas. Cuando esto se logra, los comisarios o jueces consultan con los principales del
lugar lo que debe hacerse en materia de administración de los asuntos comunitarios, de impartición
de justicia o de aplicación de las instrucciones que
proceden de la cabecera municipal. En muchas de
estas comunidades, los comisarios o jueces, aunque
son representantes de la justicia municipal, suelen
asumir funciones de gobierno en la comunidad, junto con los principales y los cuerpos religiosos tradicionales (mayordomía, etc.), cuando éstos existen.
De esa manera, se funden los dos tipos de autoridades.

Como se puede apreciar, en los tres casos los indígenas han buscado que los funcionarios municipales (del ayuntamiento, la agencia municipal o el
comisariado municipal) sean elegidos por las comunidades de conformidad con sus normas y principios –o mediante sus "usos y costumbres". En su
elección se sigue un patrón similar al que utilizan
para designar a los funcionarios del gobierno indígena.[83] Sin embargo, los mecanismos para forma-

[83] Por lo general, los principales, junto con las autoridades
indígenas salientes, acuerdan quiénes son las personas que
cumplen los requisitos para asumir los cargos, y citan a asamblea a toda la población de la comunidad o pueblo. Allí se dis-
cuten las propuestas de aquéllos y, por consenso, van seleccio-
nando a las personas para cada uno de los puestos del aparato
municipal.

lizar los puestos municipales son distintos. En los municipios indígenas las autoridades designadas para los puestos del ayuntamiento tienen que formalizarse en la elección constitucional.[84] En cambio, las personas designadas para los cargos en la agencia municipal o, en su caso, para los de juez o comisariado municipal dependen de la aprobación del ayuntamiento, a menudo formado por mestizos. Esta autoridad puede rechazar la decisión comunitaria e imponer a otras personas, en muchas ocasiones ajenas e incluso contrarias a los intereses de la comunidad.

Ahora bien, como norma, la presencia de los indígenas en los ayuntamientos es prácticamente nula, salvo, en cierta medida, en aquellos municipios donde la población mestiza es muy escasa. En este tipo de municipios con casi cien por ciento de población indígena, a los que hemos denominado "municipios indígenas", normalmente los cargos del ayuntamiento son ocupados por indígenas. Pero aun en estas municipalidades, localizadas básicamente en el estado de Oaxaca y en los Altos de Chiapas, como en los otros, el sistema de dominación nacional –mediante sus complejas extensiones locales– ha logrado instaurar mecanismos de imposición y control que hasta ahora han impedido o dificultado la participación democrática de los indígenas.

En los municipios indígenas, el régimen ha permitido que los indígenas elijan informalmente a sus candidatos para los cargos del ayuntamiento

[84] Como se verá, esto ha variado en aquellos estados de la República (destacadamente el caso de Oaxaca) en los que la constitución local ha establecido el mecanismo de elección municipal por "usos y costumbres".

mediante sus "usos y costumbres", siempre y cuando las personas seleccionadas sean registradas en las planillas del PRI y los votos indígenas vayan a la contabilidad de este partido. De esta manera, en la mayoría de los municipios indígenas se ha instituido como una *tradición* el proceso siguiente: la población indígena selecciona a sus candidatos para los cargos municipales mediante "usos y costumbres"; las personas elegidas son presentadas al PRI; éste las registra en los organismos electorales como sus candidatos; el día de la elección constitucional se reafirma la decisión de los indígenas cruzando todas las boletas –regularmente por mano de los propios operadores priistas– en favor del partido oficial. Merced a este procedimiento clientelar, los indígenas se incorporan al proceso electoral y el partido oficial, por su parte, obtiene cuantiosos votos.

El mecanismo es enormemente provechoso para el PRI. Como hemos visto, por lo general no todas la comunidades asentadas en un municipio indígena participan en la elección tradicional de los candidatos a los puestos; de hecho, tan sólo lo hacen las comunidades cercanas a la cabecera municipal. Sin embargo, el día de la elección constitucional, los encargados de manejar el proceso se ocupan de marcar a favor del priismo las boletas electorales de todos los posibles votantes, incluyendo a aquellos que no participaron en la elección tradicional.

Aunque este tipo de municipios se mantuvo estable por muchos años, los conflictos comenzaron a aflorar claramente a principios de los años setenta. Una de las principales causas de descontento fue el caciquismo, que se había instalado en muchos municipios con el apoyo decidido del PRI y de los gobiernos estatales. La aparición del caciquismo implicó un proceso de diferenciación social en el interior de las comunidades y el establecimiento de relaciones de dependencia y subordinación de los indígenas respecto del cacique. Estas relaciones de dependencia se transformaron en relaciones de explotación. Los caciques lograron utilizar el poder que les conferían los cargos del ayuntamiento para apropiarse de los recursos económicos y forestales de las comunidades, controlar el comercio local y regional, el transporte de productos y cosechas a los centros urbanos, etc. Con el tiempo, muchos de estos grupos caciquiles se articularon con la burguesía regional o con otros grupos con intereses regionales.

Los caciques garantizaban la permanencia de su poder político y económico imponiendo a incondicionales en los puestos del ayuntamiento. Esto se hacía (y se sigue haciendo) con el consentimiento o la complicidad del PRI y de los gobiernos estatales. A éstos les interesaba que los grupos caciquiles mantuvieran el dominio del ayuntamiento porque les aseguraba el control político de la población indígena.[85] Su intervención en la manipulación de las elecciones municipales se hizo más patente cuando creció la oposición de las comunidades frente a esta forma de control político: la vinculación del caciquismo con el PRI-gobierno quedó entonces en evidencia.

[85] Esto es, el cacique les aseguraba la desmovilización, despolitización, subordinación y aislamiento de los indígenas. Cuando éstos pretendían organizarse de manera independiente, o movilizarse, al margen del cacique, para exigir la solución de sus demandas (v. gr., contra despojos de sus tierras y recursos, por la recuperación de los mismos o por mejores condiciones de trabajo), el cacique se servía de todos los medios represivos a su alcance para controlar la situación y someter a los inconformes. Cynthia Hewitt de Alcántara, *La modernización de la agricultura mexicana, 1940-1970*, op. cit., p. 21.

Las movilizaciones campesinas de los años setenta pusieron en crisis al caciquismo como instrumento de intermediación política. Para los indígenas inconformes, el cacique se había convertido en el enemigo inmediato, no sólo porque actuaba directamente en contra de ellos –reprimiéndolos, explotándolos o arrebatándoles sus tierras y recursos forestales–, sino también porque apoyaba abiertamente a los grupos dominantes locales (terratenientes, ganaderos, empresarios privados, etc.) en perjuicio de los intereses de las comunidades. Con el rechazo a los caciques, los indígenas comenzaron a exigir la solución de su reclamos sin mediaciones políticas. El caciquismo sólo pudo sostenerse por la fuerza y la complicidad de los gobiernos estatal y federal. Su eliminación ha dependido no sólo de que los indígenas se constituyan en una fuerza política capaz de arrebatarle el poder al cacique (lo que implica a su vez que los campesinos superen el paternalismo y la pasividad fomentada por años de dependencia), sino también de que los gobiernos estatal y federal dejen de apoyarlos.

La lucha de los indígenas por la democratización del municipio adquirió relevancia al articularse sobre todo con el movimiento neocardenista, a partir de 1988. Desde entonces la votación indígena en favor del PRI ha ido disminuyendo, mientras aumenta sostenidamente la fuerza electoral de la oposición.

Ahora bien, en el resto de los municipios donde coexisten indígenas y mestizos los cargos del ayuntamiento han sido históricamente monopolizados por estos últimos. A pesar de que en muchos de estos municipios (alrededor de 400 en todo el país) los indígenas son mayoría en términos demográficos (a veces con más del 70% de la población total), se han levantado obstáculos diversos para impedir que tengan representación y participación efectiva en los respectivos ayuntamientos, lo que los convierte en una *minoría política*.

El grupo mestizo que controla los puestos del ayuntamiento suele gobernar para la población no indígena asentada en su mayoría en la cabecera municipal, y muestra un gran desinterés hacia las necesidades de las diversas comunidades y pueblos que están dentro de los límites de su jurisdicción. Gobernar para todos no está en el código político de aquella élite. Pero la indiferencia de las autoridades mestizas hacia la miseria de los indígenas contrasta con su insaciable codicia por las tierras y los recursos de las comunidades.

Para asegurar su dominio sobre las comunidades indígenas, las autoridades mestizas no sólo han contado con el control del ayuntamiento, sino también con el apoyo de intermediarios políticos que son piezas clave del sistema de dominación local y regional: los mencionados caciques, casi siempre ellos mismos indígenas, los líderes locales de la CNC y del PRI, y los representantes de las agencias estatales o federales, entre los que se cuentan los miembros del aparato indigenista. En conjunto –y descontando las honrosas excepciones que no modifican el rumbo básico– actúan como "funcionarios de la superestructura", modelando mentalidades, inhibiendo o dirigiendo la participación política de la población indígena y controlando que sus reclamos no rebasen los límites permisibles. Asimismo, aseguran la adhesión política y la votación indígena en favor de los candidatos oficiales, poniendo en funcionamiento mecanismos clientelares, corporativos e incluso represivos. De esa manera, las comunidades son empujadas a votar por autoridades que jamás las representan. En muchas ocasiones, como se dijo, los indígenas ni siquiera votan, pues de eso se encargan los diligentes intermediarios.

Cuando se trata de escoger representantes internos de los municipios –jueces, comisarios y autoridades de las agencias–, los indígenas han dependido de la voluntad de estos ayuntamientos, controlados por mestizos, para la confirmación o el rechazo de los nombramientos de aquéllos, no obstante tratarse de las personas que, según el parecer de la comunidad, son las adecuadas para asumir los cargos relacionados con la administración de sus localidades. En muchas ocasiones el ayuntamiento desecha la petición de las comunidades y designa a mestizos para ocupar tales cargos en las zonas indígenas.

En algunos municipios existen representantes indígenas en los ayuntamientos, principalmente como regidores, pero su función fundamental ha consistido en comunicar a las comunidades indígenas las decisiones de los diversos órdenes de gobierno (nacional, estatal o del mismo municipio) para su debido acatamiento. De modo que esos regidores indígenas, en lugar de representar la voz y los intereses de las comunidades en el ayuntamiento, en el mejor de los casos fungen sólo como correas de transmisión entre las autoridades (nacionales y regionales) y las comunidades. Salta a la vista que los conflictos que se suscitan en estos municipios a menudo tienen su raíz en la exclusión política de los indígenas, lo que favorece todo género de abusos contra éstos por parte de los grupos de poder que a lo largo de los años han consolidado los mestizos.

Finalmente, si la participación y representación política de los indígenas en el ámbito municipal es precaria, en los otros niveles de gobierno (estatal y federal) y de representación (legislaturas estatales y federal) es prácticamente nula. Así, apartados de los órganos de poder y de las instancias de representación, los pueblos indios no han tenido la menor injerencia, en cuanto tales, en la elaboración de leyes y en la adopción de medidas administrativas que, sin embargo, los afectan directamente. Para los *otros*, el sino de los pueblos indios es callar y obedecer.

2. LA CONSTRUCCIÓN DEL SUJETO POLÍTICO

En los años ochenta, las movilizaciones indígenas sin mediaciones caciquiles, así como la construcción de organizaciones locales y regionales independientes, daban otro color al panorama. En el transcurso de sus luchas, las organizaciones indígenas desarrollaron formas de identidad basadas en su condición étnica y/o su condición de clase. De hecho, la particularidad de los movimientos indígenas en la segunda mitad de los setenta y durante los ochenta consistió en: *a*] el despertar de la conciencia étnica y de clase, y *b*] la articulación de la lucha por la tierra con la lucha por el respeto a la identidad étnica. Esta vinculación se produjo cuando los indígenas, sobre todo los dirigentes, descubrieron en sus identidades étnicas un instrumento para la defensa de sus intereses colectivos. A partir de la identidad elaboraron un nuevo discurso para expresar sus reivindicaciones; y la nueva conciencia étnica fue un vigoroso estímulo para la movilización política y el fortalecimiento de sus organizaciones.

CONCIENCIA ÉTNICA

Las organizaciones indígenas que valoraron el potencial político de su etnicidad y que la emplearon como instrumento movilizador, comenzaron a utilizar los atributos étnicos para configurar una nueva conciencia al: 1] nombrarse con su gentilicio como forma de afirmar su pertenencia a una colectividad determinada ("somos indígenas nahuas", "zapotecos", "mixtecos", etc.); 2] asumir un pasado común o un proceso histórico compartido; 3] vincular la tierra con la cultura, no sólo en el sentido de apreciar su significado emocional ("la tierra de nuestros antepasados") sino también de asociar la posesión y conservación de sus territorios y recursos con el destino y la continuidad de sus identidades étnicas; 4] apelar a las mencionadas raíces históricas y culturales de la comunidad para defender sus derechos colectivos y resistir frente a las tendencias privatizadoras e individualistas, y 5] asociar el rescate de su cultura con la lucha política.[1]

Ahora bien, no todas las organizaciones indígenas le otorgaron el mismo valor estratégico a la identidad étnica en la lucha por la tierra. Más bien, las diversas organizaciones surgidas en el periodo analizado pueden agruparse en tres estilos o tipos: 1] las que pusieron el acento en su condición étnica e intentaron desarrollar filiaciones y lealtades basadas en lo étnico, 2] las que hacían hincapié en su condición de clase, y en ésta buscaban fincar las lealtades y filiaciones, y 3] las que subrayaron su doble condición de etnia y de clase y procuraron moverse en ambos terrenos.

Las reivindicaciones variaron según el enfoque adoptado. En el primer tipo, destacaron tres orga-

[1] Por ejemplo, la Unión de Comuneros Emiliano Zapata (UCEZ), organización formada por purépechas, mazahuas y ñhañhus de Michoacán, afirmó en 1979 que sus miembros estaban rescatando su cultura, "utilizándola como arma de lucha". Cf. María Consuelo Mejía y Sergio Sarmiento S., *La lucha indígena: un reto a la ortodoxia*, México, Siglo XXI-IIS-UNAM, 1987, p. 145.

nizaciones oaxaqueñas que reclamaban el respeto a "la autodeterminación comunitaria sobre las tierras, recursos naturales y formas de organización autóctona arguyendo los derechos originales que les confiere la herencia". Así, la libertad o autodeterminación comunitaria era entendida como herencia ancestral, tradicional, que era necesario no conquistar, sino conservar y defender frente a las amenazas externas (particularmente del Instituto Lingüístico de Verano y de las empresas privadas nacionales y extranjeras que codiciaban y explotaban sus recursos, sobre todo forestales) y el "sistema de poder opresivo" nacional. No se proponían luchar por el poder político porque lo consideraban un poder "occidental", contrario a sus tradiciones. Se trataba, en suma, de una visión conservadora de los bienes y de la autonomía comunitarios.[2]

En el segundo tipo de organizaciones, aunque sus miembros eran parte de algún grupo indígena, destacaban su condición social campesina, y sus reclamos eran básicamente por la tierra, junto con otras demandas socioeconómicas asociadas al campesinado. La incorporación de grupos indígenas a organizaciones de orientación "campesinista" hizo que aquéllos privilegiaran la demanda y el discurso agrarista, predominante en las luchas sociales del medio rural de entonces. Esta relación promovía la *campesinización* de los reclamos de ciertos

[2] Estos planteamientos los sostenían en los años ochenta tres organizaciones oaxaqueñas: la Organización de Defensa de los Recursos Naturales y Desarrollo Social de la Sierra Juárez, A. C. (ODRENASIJ), el Comité de Defensa de los Recursos Naturales y Humanos Mixes (CODREMI) y el Comité Organizador y de Consulta para la Unión de los Pueblos de la Sierra Norte de Oaxaca (CODECO). M. C. Mejía y S. Sarmiento, *op. cit.*, pp. 95-97.

grupos indígenas y una correlativa desindianiza-
ción de sus demandas.

En el tercer tipo, al que se adscribía un gran
número de organizaciones indígenas, se reivindicaban como miembros de un grupo étnico y, simultáneamente, como parte de una clase social, fundamentalmente del campesinado. Sostenían que,
además de ser grupos étnicos oprimidos y discrimi-
nados socioculturalmente, eran también explotados
como otros sectores mestizos: campesinos y obreros.
Por ello, planteaban la necesidad de articular sus
luchas con éstos y con otros sectores mestizos (como
los maestros y los estudiantes) con el propósito de
transformar la estructura económica, social, cultural y política del país y construir una sociedad más
justa e igualitaria. Sus reclamos inmediatos consistían en la recuperación de las tierras, el control de
sus recursos naturales (principalmente los bosques), el pleno ejercicio de las libertades ciudada-
nas y el reconocimiento de sus derechos culturales.
Estos últimos se limitaban al respeto y el rescate de
la lengua, tradiciones y costumbres indígenas.

Habría que señalar que algunas organizaciones
indígenas de este tipo comenzaron a plantear una
perspectiva innovadora en torno a la cuestión étnico-nacional, al vincular lo étnico y lo clasista con la
lucha por la liberación nacional. Por ejemplo, en
1978, una organización formada por indígenas mazahuas, tlahuicas, matlazincas y ñhañhus del estado de México firmó un "Pacto de Sangre" en el que
sus miembros "se comprometen a luchar unidos y a
defenderse mutuamente ante las amenazas etno-
cidas de la sociedad capitalista"; asimismo se dicen
"conscientes de que la marginación que padecen no
se debe al idioma que hablan sino al modo de producción en el que se encuentran inmersos". En

1979, la misma organización emitió la "Declaración de Temoaya", en la que manifiesta que no basta con la posesión y devolución de sus tierras y la dotación de servicios: es necesario, dice, "la conquista del poder como único medio para obtener su liberación". En el proceso de liberación estima de gran utilidad la recuperación de su identidad étnica y el desarrollo de una conciencia de clase. "La primera nos hará progresar en cuanto pueblos históricamente diferenciados, y la segunda nos permitirá identificar y combatir a nuestros enemigos internos, como los caciques y otros explotadores, a la vez que nos dará un punto de unión con el resto de los explotados del país y del mundo." Por último, reclama el reconocimiento de la multietnicidad del país y la "instauración de un estado pluriétnico".[3] Cabe señalar que fueron los primeros en plantear explícitamente este tipo de reivindicaciones, centrales en años posteriores.

CONCIENCIA DE CLASE

Un gran número de organizaciones indígenas que se centraron en la lucha por la tierra, sostuvieron una concepción de izquierda, basada en el concepto de la lucha de clases. En particular proponían la unión de los campesinos, obreros, estudiantes y sectores populares contra las clases dominantes y explotadoras. El encuentro de grupos indígenas con centrales campesinas independientes, como la CIOAC, ligada al Partido Comunista, y con militantes de ésta y de otras corrientes de izquierda –como

[3] *Ibid.*, pp. 93-95.

los maoístas de la Unión del Pueblo y de Política Popular, las organizaciones trotskistas y los grupos guerrilleros leninistas y guevaristas–, así como con los religiosos de la Teología de la Liberación, explica en gran medida la orientación política e ideológica que se advierte en los primeros.

A raíz de la represión gubernamental contra el movimiento estudiantil en 1968 y 1971, un gran número de estudiantes, maestros y militantes de izquierda se dirigieron a los sectores rurales y urbanos, marginados y explotados, con el propósito de apoyarlos en sus luchas. Estudiantes indígenas también retornaron a sus comunidades para apoyar o encauzar sus movilizaciones, así como para impulsar su organización independiente. En el estado de Oaxaca, por ejemplo, se crearon diversas organizaciones animadas por las ideas de promover alianzas y luchas conjuntas, como fue el caso de la Coalición Obrero Campesino Estudiantil de Oaxaca y, destacadamente, de la Coalición Obrera Campesino Estudiantil del Istmo (COCEI).

Los diversos grupos de izquierda coincidían básicamente en la necesidad de organizar a los obreros, campesinos, estudiantes y demás sectores populares para la lucha por el cambio revolucionario en el país. Sin embargo, tenían posiciones diversas en cuanto a la forma y los ritmos de la lucha por el cambio. Algunos planteaban que debía ser armada; otros por las vías legales. A éstos se agregaban los que pensaban que primero había que conscientizar a las masas por medio de la educación política. También era común en las izquierdas el planteamiento de que los indígenas eran sólo un sector del campesinado y, como tal, formaban parte del pueblo explotado. Igualmente, pensaban que su constitución como fuerza política devendría de su organización como campesinos o como trabajadores u obreros agrícolas. No se consideraba relevante para la lucha revolucionaria la condición étnica de los indígenas. Tampoco se estimaba necesaria la incorporación de los reclamos específicos de los indígenas en los programas políticos. En algunos grupos de izquierda se consideraba incluso la "cuestión étnica" como un asunto diversificador y reformista.

Esta visión de la cuestión indígena contrastaba con la rica discusión que, como se ha visto, tuvo lugar en el seno de la izquierda durante los años treinta. En los setenta la visión de la izquierda radical sobre la problemática indígena se reducía prácticamente a lo "clasista". Se sostenía que su solución debía darse "en el terreno de las transformaciones de la estructura y las relaciones *económicas*". Es decir, se pensaba que con la supresión de las relaciones de explotación se alcanzaría la igualdad socioeconómica y, por esta vía, se solucionaría la situación de los indígenas.

En suma, no obstante la falta de comprensión de la problemática étnica en las agrupaciones de izquierda, la influencia ideológica y política de éstas sobre gran parte de las organizaciones indígenas de los años setenta y principios de los ochenta, les aportaría a esos indígenas una perspectiva de lucha distinta a las desarrolladas con anterioridad. Con las ideas relativas a la lucha por el cambio del sistema y la unidad de las clases explotadas, los indígenas comenzaron a mirar más hacia el futuro que hacia el pasado, a mirar también hacia fuera, a buscar más las relaciones políticas con la sociedad nacional que a aislarse, a explorar más lo que los unía con otros sectores mestizos en su misma situación socioeconómica que a marcar las diferencias étnicas.

ETNICISMO

El crecimiento del movimiento indígena y los acontecimientos sociopolíticos de 1968 marcaron el inicio de una crítica al indigenismo integracionista practicado por el Estado mexicano y el ascenso de una posición en defensa de la pluralidad y de la diversidad sociocultural. Al frente de esta inicial posición antiintegracionista y defensora de la pluriculturalidad se colocaron algunos antropólogos, autodenominados "críticos". Sin embargo, la concepción teórico-política desarrollada por este grupo (dado a conocer a principios de los años setenta con las *Declaraciones de Barbados I* y *II*, y en subsiguientes trabajos de sus miembros), calificada por sus oponentes de etnicista o etnopopulista, hizo hincapié en el aspecto cultural de la problemática indígena, basándose en fundamentos románticos.

En el planteamiento teórico de los etnicistas se establecía, en términos generales, que los grupos étnicos tienen derecho a ser diferentes y a defender su integridad cultural. Tras ello, se deslizaron los temas del viejo romanticismo, particularmente la idea de los sistemas culturales como entidades esenciales y mutuamente inconmensurables. Paradójicamente, el enfoque relativista subyacente promovió no sólo el rechazo de la valoración negativa de lo indígena por parte de los otros, sino además la inversión de dicha valoración. A partir de ello, se confrontó el mundo indígena con el "occidental", considerados en bloque, juzgando ahora positivamente al primero y negativamente al segundo. De manera más o menos abierta, los teóricos más destacados de esta corriente, partieron de la idea de que en México existían dos civilizaciones opuestas: la indígena y la no indígena (ésta, concebida como "occidental"). A diferencia de los integracionistas, defendieron que la civilización indígena expresaba un modo de vida más "auténtico". Regularmente, a esta conclusión se arribaba después de un ejercicio maniqueo que veía atributos positivos en lo indio y sólo decadencia y valores negativos en lo "occidental". Así, el etnicismo reinstaló el etnocentrismo, ahora invertido.

Esta oposición entre dos "mundos", llevó a los etnicistas a negar la "autenticidad" de la nación y a esfumar el antagonismo de clases. Para ellos, la contradicción pertinente de la sociedad no era entre clases sociales sino entre las dos civilizaciones mencionadas. En todo caso, la contradicción clasista sólo era propia de Occidente; y en su marco no era posible encontrar soluciones para los pueblos indios. Con esa premisa, terminaron proponiendo como solución al antagonismo civilizatorio la búsqueda de un proyecto indígena "propio".[4]

Resulta relevante tomar en cuenta las implicaciones políticas de los postulados etnicistas, particularmente en el contexto de los años setenta y ochenta, periodo de su máxima influencia en el movimiento indígena. Primero, al dividir la sociedad mexicana en dos sistemas culturales enfrentados (el mundo indígena y el mundo no indígena), el etnicismo separaba la lucha de los indígenas de la que llevaban a cabo otros sectores, y reducía la lucha social a una confrontación entre culturas. Segundo, al postular que las etnias eran "anteriores" a las clases sociales y que las primeras mantenían su "esencia" invariable en el transcurso del tiempo, no sólo separaban lo étnico de la estructura de cla-

---

[4] Véase Guillermo Bonfil Batalla, *Utopía y revolución*, México, Nueva Imagen, 1981.

ses y de la cuestión nacional, sino que también sustraían el contenido clasista y político de las demandas indígenas. Tercero, al fundar la legitimidad de las demandas indígenas en su pasado histórico, y no "en su situación *actual* de opresión cultural, explotación económica y dominación política", los etnicistas menguaban el potencial político de los indígenas y desalentaban su participación como parte de "los procesos *actuales* y de las empresas sociales del *futuro*".[5] Cuarto, al postular la independencia de los indígenas respecto de las clases sociales, y su pertenencia a un mundo distinto al de "Occidente", concluían que aquéllos debían buscar su propio camino de liberación –"propio" en el sentido de *aparte* de lo nacional-occidental–, por medio de un proyecto "indio". Consecuentemente, aducían que el movimiento indígena no debía establecer alianzas políticas "con las organizaciones populares no indias" o con las "clases subalternas de la sociedad no india", porque éstas –explicaban Guillermo Bonfil y Nemesio Rodríguez– "forman parte de la civilización occidental y padecen los efectos de la estructura; sus proyectos reivindicativos [...] no alcanzan a superar los fundamentos colonizadores de Occidente, por lo tanto, no son capaces de reconocer e incorporar en sus programas políticos las demandas de los pueblos indios".[6]

En suma, los planteamientos etnicistas tuvieron como efecto desvincular la lucha de los grupos indígenas de los demás sectores explotados y oprimidos

[5] Véase Héctor Díaz-Polanco, *La cuestión étnico-nacional*, México, Fontamara, 1988, pp. 65-66.

[6] Guillermo Bonfil y Nemesio Rodríguez, *Las identidades prohibidas. Situación y proyectos de los pueblos indios de América Latina*, Informe a la Universidad de las Naciones Unidas, SCA Project, ms., México, 1981, p. 76.

de la sociedad no india, y desalentar la posibilidad de construir un proyecto político conjunto (entre indios y no indios). Como consecuencia, esto conducía al aislamiento político de los indígenas.

El mérito de esta corriente consistió en su impugnación al etnocentrismo del Estado y en la nueva valoración de las identidades indias. Sin embargo, al reducir la cuestión indígena a un asunto fundamentalmente cultural (conflicto entre civilizaciones) y al carecer de una elaboración crítica de la naturaleza del Estado como estructura de poder, la salida planteada para la problemática indígena fue limitada. En esa circunstancia, lo que sucedió fue que la mayoría de los ideólogos del etnicismo (indios y no indios) se incorporaron a las instituciones del Estado, y éste adoptó el discurso etnicista, aceptando de manera retórica la existencia de la diversidad sociocultural de la nación, pero en la práctica continuó con sus acciones integracionistas.

Durante el gobierno de Luis Echeverría (1970-1976) se dieron los primeros intentos encaminados a recuperar la credibilidad y el consenso perdidos por el Estado entre los pueblos indios y los intelectuales impugnadores del integracionismo, particularmente entre los "antropólogos críticos". Tales intentos consistieron en el diseño de una nueva política indigenista que se caracterizó por: 1] el reforzamiento y ampliación de la acción indigenista por medio del incremento del presupuesto al INI y la creación de 58 nuevos Centros Coordinadores Indigenistas, y 2] las maniobras para organizar en una estructura corporativa de los indígenas, mediante la creación del Consejo Nacional de Pueblos Indígenas (CNPI) y los Consejos Supremos de cada una de las 56 etnias reconocidas.

Con la organización de los diversos grupos étnicos del país en agrupaciones propias, integradas a la CNC, voces críticas advirtieron que el gobierno buscaba el control político de esta población; esto es, pretendía corporativizar y mediatizar las luchas de los pueblos indios, alejarlos de las de los demás sectores explotados y desviar el sentido de sus reclamos. La organización corporativa de los indígenas fue apuntalada con medidas caracterizadas de populistas, como la asignación de mayores recursos a los pueblos indios mediante fideicomisos y programas especiales (la mayoría de estos recursos eran canalizados por la vía del INI, para reafirmar su carácter tutelar), y el reparto de tierras en las zonas más conflictivas.[7]

Previamente a la constitución del CNPI, el gobierno de Luis Echeverría promovió la creación del Movimiento Nacional Indígena (1973) y la realización del Primer Congreso Indígena de Chiapas (1974). Paralelamente, de 1971 a 1975, se realizaron 56 congresos regionales indígenas, patrocinados por el Estado (con el apoyo de instituciones oficiales como el INI, la SEP, la SRA y la CNC), como actos preparatorios del primer Congreso Nacional de Pueblos Indígenas, que se realizó en 1975 en Janitzio, Michoacán. De este congreso resultó la constitución del CNPI, con la participación de los Consejos Supremos, como representaciones de cada una de las etnias del país. La "Carta de Pátzcuaro", que se produjo en aquel congreso, refleja la versión oficial de la cuestión indígena: la situación de los indígenas era producto de su

---

[7] Durante el sexenio de Luis Echeverría se firmaron 2 274 resoluciones presidenciales que abarcaron 12 017 050 hectáreas.

"marginación del desarrollo social democrático", que sería resuelto "por la acción revolucionaria del gobierno y del pueblo todo de México".[8] De esa manera, el gobierno mexicano resultaba ser el mejor aliado de los indígenas.

Aunque los Consejos Supremos y el CNPI –gracias a los primeros intentos de grupos que buscaron tomar la palabra al gobierno sobre su intención de permitir una organización independiente– en un principio fueron espacios de participación política y de expresión de las demandas de los indígenas, su ámbito de acción fue muy limitado, debido a su dependencia del Estado. Cuando los consejos y el CNPI intentaron rebasar los estrechos márgenes de movilización permitidos, el gobierno se encargó de demostrarles su dependencia. Esto se hizo particularmente evidente durante la presidencia de José López Portillo (1976-1982).

La política indigenista de la administración de José López Portillo se caracterizó, en primer término, por definir la problemática indígena como una cuestión de marginalidad, y la diferenciación cultural como una de las causas más importantes de

---

[8] Por ejemplo se establece que el principal problema que padecen como pueblos indígenas se debe a su "marginación del desarrollo social democrático", cuya causa se encuentra, *"pese a nuestros esfuerzos y a los de distintos regímenes de gobierno"*, en el "cacicazgo, el latifundio simulado, el minifundismo, el crédito usurario, el burocratismo oficial, el acaparamiento comercial de nuestros productos, la discriminación política, la ausencia de obras de infraestructura [...] carencias que en su conjunto adquieren la categoría de problemas nacionales *que sólo se liquidarán por la acción revolucionaria del gobierno* y del pueblo todo de México". Cf. "Carta de las Comunidades Indígenas, Pátzcuaro", en M. C. Mejía y S. Sarmiento, *op. cit.*, pp. 258-259. Las cursivas son nuestras.

aquella situación.[9] Para dar solución a este problema se puso en marcha, en diciembre de 1977, el programa de Coordinación General del Plan Nacional de Zonas Deprimidas y Grupos Marginados (Coplamar). En realidad, este programa no tenía como propósito atacar las causas de la marginación indígena (la estructura socioeconómica del país), sino, como lo señalaron sus impugnadores, procurar la modernización capitalista en las zonas marginadas indígenas.[10] Por otra parte, se instrumentó una política educativa basada en el modelo bilingüe-bicultural, con el objetivo de "contribuir para que los grupos étnicos adquieran conciencia de las causas que determinan su marginalidad".[11]

En segundo lugar, el gobierno de López Portillo confirmó el papel del INI, aunque arropado con un nuevo discurso: el "indigenismo participativo". Esto es: ante la insistencia de algunas organizaciones indígenas, que reclamaban su participación en la elaboración y ejecución de las políticas estatales destinadas a los pueblos indígenas, el gobierno admitió de manera discursiva su participación, pero en la práctica continuó decidiendo de manera uni-

---

[9] Según las Bases para la acción indigenista, las causas de la marginalidad no radicaban en la explotación o en el sistema político y socioeconómico del país, sino que fundamentalmente eran el resultado de las diferencias culturales, del desconocimiento de la lengua nacional, de la ausencia de participación en la estructura económica, política y educativa, del desempleo y de la carencia de servicios. Véase Instituto Nacional Indigenista, *Bases para la acción indigenista 1977-1982*, México, INI, 1997.

[10] Cf. Rocío B. de Herrera Prats, "La política indigenista en la actualidad", *Boletín de Antropología Americana*, Instituto Panamericano de Geografía e Historia, núm. 8, diciembre de 1983, p. 50.

[11] INI, *Bases para la acción indigenista...*, *op. cit.*, p. 2.

lateral la política que debía aplicarse a los indígenas.[12] En todo caso, el denominado "indigenismo participativo" se pretendió legitimar con el otorgamiento de algunos puestos en la burocracia de la SEP y del INI a maestros e intelectuales indígenas, casi todos miembros de la Alianza Nacional de Profesionistas Indígenas Bilingües, A.C. (ANPIBAC), creada en 1977.[13]

Tercero, el gobierno federal aplicó una doble política hacia las organizaciones indígenas: reprimir a las organizaciones independientes con reclamos agrarios, y favorecer e impulsar a las que enarbolaban reivindicaciones exclusivamente de tipo educativo y cultural. Así, pues, el modelo de organización indígena que resultó ser el más adecuado para

[12] El CNPI propuso en concreto cambiar al INI por la "Comisión Nacional para el Desarrollo Social y Económico de los Pueblos Indígenas", en la que, se señalaba, debían participar los propios indígenas, particularmente del CNPI.

[13] Existían numerosos antecedentes de este tipo de organizaciones. El más inmediato fue la Asociación Mexicana de Profesionistas e Intelectuales Indígenas (AMPII), surgida en 1968. La AMPII ponía el acento en demandas culturales, y fue de las primeras en criticar la política indigenista del Estado mexicano y en exigir la participación de los indígenas profesionistas en la planeación y ejecución de tal política. En esta misma línea se encontraba la Confederación Nacional de Comunidades Indígenas (CNCI). Entre los antecedentes más remotos de este tipo de organizaciones indígenas –formadas por maestros y profesionistas indígenas, con demandas centradas en cuestiones culturales y educativas– destacan la Confederación Nacional de Jóvenes Indígenas (CNJI) y la Confederación Nacional de Jóvenes y Comunidades Indígenas (CNJCI), en las que participan principalmente jóvenes de los internados indígenas. "De la desaparición de estas dos organizaciones surge la Unión Nacional de Organizaciones Indígenas (UNOI)", con similares demandas, pero, a diferencia de las anteriores, ésta se integró a la CNOP y por este conducto al PRI. Cf. Mejía y Sarmiento, *op. cit.*, p. 43.

los fines de la política lopezportillista fue el conformado por maestros y profesionistas indígenas, debido al acento que éstos ponían en las demandas de carácter cultural y educativo.

Mientras tanto, en el CNPI hubo varios intentos por democratizar su estructura interna y escabullirse del control oficial. El CNPI también se enfrentó al gobierno, tratando de actuar de manera independiente, al manifestarse en contra de la Ley de Fomento Agropecuario y del SAM (Sistema Alimentario Mexicano), e impugnar al INI por la suspensión de subsidios y la ausencia de participación indígena en la elaboración y ejecución de los programas de esa institución.[14] Además, intentó separarse del PRI y de la CNC y darle un contenido agrarista al Consejo. Al final, el CNPI fue sometido en 1981, con la imposición fraudulenta de un nuevo coordinador sumiso al gobierno. Con esta dirigencia controlada, el CNPI formalizó su ingreso a la CNC y al PRI. El CNPI terminó reproduciendo internamente los vicios de todas las organizaciones oficialistas: corrupción, verticalidad, decisiones cupulares, clientelismo político, apoyo al régimen y mediatización de las demandas de sus agremiados.

La ANPIBAC y el CNPI, si descontamos los discursos, se convirtieron en importantes instrumentos de legitimación de la política etnopopulista del Estado y de neutralización de las demandas del campesinado indígena. Por otra parte, el programa de educación bilingüe-bicultural daba la apariencia de

---

[14] Por citar un ejemplo de la función del INI en la política indigenista estatal: en 1980 la Coordinadora Nacional Plan de Ayala (CNPA) denunció "la política de algunas instituciones como el INI que juega el papel de provocador de conflictos entre mestizos e indígenas e impide la organización independiente de los indígenas". *Ibid.*, p. 202.

que el gobierno federal estaba interesado en la promoción de la lengua y la cultura indígenas. Pero no escapó a los analistas que, en la realidad, con ese programa se buscaba impulsar la castellanización (a través de la propia lengua indígena), la domesticación e integración de los indígenas.[15]

La formación de nuevos cuadros dirigentes indígenas con la perspectiva etnicista estaba contemplada en "Plan integral de capacitación de personal para la educación bilingüe y bicultural y la promoción cultural". En 1979, como parte de ese plan, tres instituciones (INI-DGEISEP-CISINAH)[16] convinieron en poner en marcha el Programa de Formación de Etnolingüistas, con el objeto de "formar personal especializado" entre los individuos "originarios de los propios grupos étnicos", quienes habrían de promover "el desarrollo lingüístico y étnico de sus propios grupos de origen".[17] Las críticas a este programa fueron numerosas. Por ejemplo, Daniel Cazés señaló que con ese programa se trataba de "crear una escuela de caciques ilustrados, fácilmente manejables por el indigenismo oficial".[18] Con el paso de los años, esta opinión se demostró bien fundada: en nu-

[15] Cf. Bárbara Cifuentes, "Comentarios sobre educación bilingüe y bicultural", en *Indigenismo y lingüística. Documentos del Foro "La política del lenguaje en México"*, México, Instituto de Investigaciones Antropológicas, UNAM, 1980, pp. 47-52.

[16] La DGEISEP era la Dirección General de Educación Indígena de la Secretaría de Educación Pública. El CISINAH era el Centro de Investigaciones Superiores del Instituto Nacional de Antropología e Historia.

[17] Véase Guillermo Bonfil, "Programa de Formación Profesional de Etnolingüistas", en *Indigenismo y lingüística, op. cit.*, pp. 62-63.

[18] Daniel Cazés, "Zapotecas rebeldes rechazan ser indios profesionales", en *El Día*, Publicaciones Mexicanas, México, 1 de julio de 1980, p. 19.

merosas comunidades y regiones indígenas los promotores bilingües constituyeron un nuevo tipo de cacicazgo y, en consecuencia, desarrollaron nuevas formas de control y de mediación política entre las comunidades indígenas y el Estado.

Las instituciones indigenistas destinaron la mayor cantidad de recursos al estado de Oaxaca. La intención era desviar el movimiento indígena de esta entidad hacia posiciones etnicistas. En este caso, la meta era evitar que la lucha encabezada por la Coalición Obrero, Campesina, Estudiantil del Istmo (COCEI) –que había impulsado desde finales de los setenta la movilización popular de la región en torno a la conquista del poder municipal por la vía electoral– contagiase al resto de la población indígena.[19]

El gobierno de Miguel de la Madrid continuó con las líneas generales de la política indigenista de su antecesor, pero suprimiendo los programas sexenales de apoyo a la producción campesina. Carlos Salinas de Gortari legalizó las dos tendencias ya perfiladas en el gobierno de López Portillo: suprimir el reparto agrario y abrir las puertas a las inversiones de capital sin cortapisas, mediante la reforma del artículo 27 de la Constitución general, y dar prioridad a las demandas de carácter cultural de los pueblos indios por medio de la reforma del 4o. constitucional.

Con la contrarreforma salinista al artículo 27 de la Constitución, no sólo se dio por terminado el reparto agrario, sino que también se abrieron los can-

---

[19] Araceli Burguete Cal y Mayor, "¿Quiénes son los 'amigos del indio'?", en *La cuestión étnico-nacional en América Latina*, México, Instituto Panamericano de Geografía e Historia, 1984, p. 31.

dados para hacer posible la privatización del ejido y de la comunidad.

Por lo que se refiere a la segunda reforma, el presidente Carlos Salinas creó, el 7 de abril de 1989, la "Comisión Nacional de Justicia para los Pueblos Indígenas", conformada por intelectuales no indios, en su mayoría favorables a la política neoindigenista. La Comisión tenía la encomienda de formular una propuesta de reforma constitucional para reconocer los "derechos culturales históricos" de los pueblos indígenas. En agosto, la Comisión presentó su propuesta, la que supuestamente debía someterse a una consulta para "recoger la opinión de las organizaciones y grupos de la sociedad", antes de entregarla al "Titular del Poder Ejecutivo". Sin embargo, la propuesta inicial de la Comisión no sufrió prácticamente ninguna modificación, no obstante las objeciones planteadas en los desangelados foros que se realizaron.

Finalmente, la propuesta de reforma constitucional elaborada por la Comisión fue entregada al Poder Ejecutivo, y éste, a su vez, la envió a la Cámara de Diputados para su aprobación. En enero de 1992, el Congreso de la Unión aprobó el texto de un nuevo primer párrafo que se adicionó al artículo 4o. constitucional. El texto dice:

La nación mexicana tiene una composición pluricultural sustentada originalmente en sus pueblos indígenas. La ley protegerá y promoverá el desarrollo de sus lenguas, culturas, usos, costumbres, recursos y formas específicas de organización social, y garantizará a sus integrantes el efectivo acceso a la jurisdicción del Estado. En los juicios y procedimientos agrarios en que aquéllos sean parte, se tomarán en cuenta sus prácticas y costumbres jurídicas en los términos que establezca la ley.

Como compensación, además de estas reformas, el gobierno de Salinas de Gortari creó una institución especializada para atender a "la población con menos recursos" o de "extrema pobreza": El Programa Nacional de Solidaridad (Pronasol). En el marco de este programa se establecieron "fondos" para atacar la pobreza en zonas indígenas. Los escasos recursos destinados a dichos fondos, la manipulación de los mismos con fines políticos, la burocratización, la corrupción, etc., determinaron el fracaso del Pronasol y su nula efectividad de cara a las fundamentales metas propuestas: la pobreza en las zonas indígenas no sólo no disminuyó, sino que incluso se incrementó.

LA CUESTIÓN ÉTNICO-NACIONAL Y LA AUTONOMÍA

A partir de finales de los años setenta se inicia la crítica sistemática tanto de las concepciones integracionistas como de las etnicistas. Como parte de un conjunto de antropólogos que se vinculó estrechamente con las organizaciones indígenas, Héctor Díaz-Polanco ha sido un crítico consistente de las diversas variantes indigenistas y, al mismo tiempo, ha contribuido a sentar las bases de una perspectiva teórico-política de la cuestión étnico-nacional y de la autonomía regional. Esta corriente parte de una indagación crítica de los enfoques indigenistas, considerados como obstáculos ideológicos y políticos para la comprensión del fenómeno étnico y del reconocimiento de los derechos históricos de los pueblos indios, particularmente de su derecho a la autonomía.

En primer lugar, se ponen en tela de juicio las

formulaciones indigenistas (integracionismo, etnicismo y "cuartomundismo", etc.), considerando que éstas, por una parte, desvinculan la problemática indígena de la cuestión nacional y anulan su aspecto político. Como consecuencia, las demandas y los derechos de los pueblos indios son despojados de su carácter político y nacional, convirtiéndolos en un asunto local, a lo sumo regional, empobrecidos en una perspectiva culturalista. Por otra parte, el influjo indigenista conduce a comunidades y organizaciones indígenas a la inmovilidad y a la alienación respecto de sus verdaderos intereses. La versión etnicista, particularmente, indujo a las comunidades bajo su influencia a limitar sus reivindicaciones a aspectos "culturales", a encerrarse en sí mismas y a mostrar escaso interés por vincularse con otros sectores y organizaciones políticas. En suma, los indigenismos no actúan para solucionar el conflicto étnico-nacional, sino para asegurar la sujeción de los indígenas al Estado.

Así, en oposición con las teorías indigenistas, Díaz-Polanco elabora una perspectiva que subraya el carácter histórico, sociopolítico y nacional de la problemática étnica. En tal sentido, los pueblos indígenas no constituyen comunidades autárquicas, sino partes de un todo más complejo: conforman unidades socioculturales y productivas vinculadas al mercado y sometidas a exacciones económicas sistemáticas. Las regiones o localidades indígenas están insertas en la formación nacional y, por ello mismo, forman parte de la estructura económica y sociopolítica de la sociedad global. Las identidades étnicas no se reducen a algunos rasgos "culturales"; incluyen también aspectos económicos, políticos y sociales. La situación de discriminación y opresión que padecen los pueblos indígenas no se resuelve negando su propia cultura, sino precisamente reconociendo sus particularidades y los derechos asociados a ellas. La existencia de las naciones jamás ha supuesto la homogeneidad étnico-cultural, ni ésta ha sido un factor imprescindible para su conformación y consolidación. El conflicto étnico-nacional sólo puede encontrar solución en el marco de una nueva nación verdaderamente democrática que reconozca y haga efectivos los derechos específicos de los pueblos indígenas mediante un replanteamiento de las bases de la sociedad y del Estado.[20]

El autor también rechaza las tesis centrales del etnicismo: su visión idealizada y romántica de las comunidades indígenas, y su idea de que las identidades indígenas –a contrapelo de la historia– se mantienen idénticas a sí mismas, incontaminadas e invariables. En cambio, postula que los pueblos indígenas no pueden ser concebidos como sociedades "primitivas", "precapitalistas", "protoclasistas", "preclasistas" o como entidades ajenas al sistema capitalista y a la formación nacional. Los pueblos indígenas son configuraciones socioculturales *contemporáneas*, fuertemente articuladas con el sistema político y económico de la nación, y experimentan modificaciones y readaptaciones más o menos profundas en la medida en que la estructura nacional sufre transformaciones históricas. En consecuencia, las comunidades indígenas no son entidades que se han conservado con independencia de la estructura clasista de la sociedad, ni constituyen un mundo aparte. Así concebidas, las comunidades son

[20] H. Díaz-Polanco, "La teoría indigenista y la integración", en VV.AA., *Indigenismo, modernización y marginalidad*, México, Juan Pablos Editor, 1974 (4a. ed. 1987), pp. 11-38.

tan imaginarias como el "mundo occidental" con el que el etnicismo las contrapone. Los "grupos étnicos se enfrentan, en rigor, al proyecto de sociedad de las clases dominantes y explotadoras: un proyecto que asume el carácter nacional; a este proyecto sólo puede enfrentarse un proyecto contrahegemónico alternativo, también de carácter nacional, que agrupe a los indígenas junto a los demás sectores explotados y dominados de la sociedad".

De modo que, señala Díaz-Polanco, "el punto de partida esencial para comprender la naturaleza plural de la sociedad y la legitimidad de los derechos que corresponden a las diversas identidades es la comprensión de la nación como un fenómeno sociopolítico y cultural, y no (como propone el etnicismo de manera reduccionista) negando la existencia de la nación para supuestamente afirmar sus componentes socioculturales". La problemática étnica, entonces, no puede encontrar solución al margen de la nación; se requiere de la participación de los indígenas en la política nacional, siendo partícipes de un proyecto que se proponga la reestructuración global de la sociedad.[21]

El autor llama la atención sobre la indiferencia o incomprensión de los fenómenos socioculturales por parte de las organizaciones políticas, particularmente de aquellas que en los decenios de los setenta y ochenta se definían como revolucionarias y democráticas. Tal insensibilidad se ponía de manifiesto en la omisión que, en sus proyectos y programas, hacían de las reivindicaciones particulares de los pueblos indígenas. A ello se agregaba la difi-

---

[21] H. Díaz-Polanco, *La cuestión étnico-nacional*, México, Fontamara, 1988, pp. 61-71. También, H. Díaz-Polanco, *Etnia, nación y política*, 2a. ed., México, Juan Pablos Editor, 1990, pp. 13-65.

cultad para que dichas organizaciones asumiesen la existencia y el potencial político de los pueblos indios.

El obstáculo principal para que se operara una apertura de la visión, radicaba en las perspectivas reduccionistas imperantes: los enfoques economicistas, proletaristas u obreristas, campesinistas, así como los puntos evolucionistas que habían asumido las organizaciones políticas de izquierda o democráticas. Tales posiciones unilaterales dificultaban la comprensión de los fenómenos de identidad sociocultural y política, como son los *pueblos*, las *etnias*, las *regiones*, las *nacionalidades*, las *naciones*, etc., que actuaban también como cruciales sujetos y actores sociales. Asimismo, los reduccionismos mencionados no dejaban lugar a la propuesta autonomista como posible solución al conflicto étnico-nacional.[22]

Con el fin de avanzar en esta dirección, Díaz-Polanco propone un enfoque que articule las relaciones etnia-clase y etnia-nación.[23] Al respecto, plantea que "etnia y clase no constituyen categorías antitéticas". Lo "étnico, por lo tanto, no debe concebirse como un fenómeno independiente o ajeno a la estructura de clases, ni las clases deben abordarse sin considerar la *dimensión sociocultural*, especialmente cuando tal dimensión da lugar a sólidos sistemas de identidad". En las naciones con heterogeneidad étnica conviven *dos géneros de desigualdades* –la socioeconómica y la sociocultural– que deben ser considerados de modo simultáneo.

[22] Héctor Díaz-Polanco, *Autonomía regional. La autodeterminación de los pueblos indígenas*, México, Siglo XXI, 1991 (2a. ed. aumentada, 1996), pp. 111-149.
[23] Cf. H. Díaz-Polanco, *La cuestión étnico-nacional, op. cit.*, pp. 13-34, y *Etnia, nación y política, op. cit.*, pp. 13-39.

No es adecuado soslayar una de ellas ni reducir una a la otra. Estos dos aspectos fundamentales de la contradicción social hacen "más evidente la necesidad imperiosa de un proyecto de *democracia nacional* que procure resolver ambas desigualdades". Por consiguiente, "las transformaciones sociales que buscan una sociedad más democrática y más justa deben proyectarse como una reordenación de las relaciones socioeconómicas entre sus componentes clasistas y, al mismo tiempo, como una redefinición de la posición y el papel de los grupos socioculturales con identidades propias. *Esta última redefinición supone justamente algún sistema de autonomía.*[24]

Así pues, la superación de los reduccionismos y en especial de la concepción "proletarista", señala Díaz-Polanco, implica el reconocimiento de que, además de las clases, existen otras configuraciones sociales (como las etnias indígenas) que tienen una naturaleza y unas demandas particulares. Los pueblos indios pueden efectivamente asumir el carácter de *sujetos sociales*; es decir, pueden actuar en la arena política no sólo como individuos o miembros de una clase, sino además como entes *colectivos*. Igualmente, en tanto sujetos sociales, los indígenas pueden constituirse en una *fuerza política*, sin que ello suponga una renuncia a sus identidades o a sus demandas propias. A los pueblos les asisten derechos históricos, y a esos derechos corresponden reivindicaciones socioculturales propias, perfectamente legítimas. En el contexto de las luchas populares, sostiene el autor, los indígenas pueden convertirse en una *fuerza*

---

[24] H. Díaz-Polanco, *Autonomía regional. La autodeterminación de los pueblos indios, op. cit.*, pp. 146-147.

motriz del cambio. Los pueblos indios no tienen por qué desaparecer en el proceso de una nueva configuración de la nación, sino que son elementos valiosos y necesarios para alcanzar una nueva síntesis social. En los procesos sociopolíticos de fines de los ochenta, el autor veía indicios claros de las capacidades innovadoras de los pueblos indios.[25]

Ahora bien, en la medida en que los indígenas se constituyen en sujetos sociales (o sujetos étnicos), por lo general se plantean la autonomía como la demanda fundamental. Cuando la aspiración autonómica encarna en colectividades políticamente activas –esto es, cuando la identidad se convierte "en sustancia o 'pretexto' de una demanda *política*" y una colectividad manifiesta su voluntad "de concretar *políticamente* la diferencia" sociocultural– la autonomía se plantea como el principio de un nuevo pacto entre las colectividades socioculturales y el resto de la sociedad.[26] El régimen de autonomía no es, en consecuencia, resultado de una concesión, sino de una *conquista*. Asimismo, la realización de la autonomía dependerá de la acción de los sujetos. "Los rasgos específicos de la autonomía estarán determinados, de una parte, por la naturaleza histórica de la colectividad que la ejercerá, en tanto ésta será el sujeto social que, con su acción, a fin de cuentas la convertirá en realidad histórica y le dará vida cotidiana; y, de otra, por el carácter sociopolítico del régimen estatal-nacional en que cobrará existencia institucional y práctica, por cuanto la profundidad de las conquistas, las facultades asignadas y, en suma, el grado de autogobierno recono-

[25] *Ibid.*, pp. 148-149 y 156.
[26] *Ibid.*, p. 156.

cido, en su despliegue concreto dependerá en gran medida de la orientación política y el sistema democrático vigentes."[27]

¿Cuáles son los fundamentos y las características generales del moderno régimen de autonomía? Díaz-Polanco señala que, en síntesis, el régimen de autonomía busca: *a]* Formas de integración social que estén basadas en la *coordinación* y no en la subordinación de sus colectividades parciales (conglomerados étnicos). *b]* La máxima congruencia entre pluralidad y unidad en la integración política del Estado nacional. *c]* Que la satisfacción de los intereses de las diversas colectividades integrantes (incluyendo a los pueblos indios) sea compatible con la de la colectividad nacional-estatal; pero también que los principios globales que rigen la vida de la nación se adecuen para dejar espacio a los derechos particulares. *d]* Romper la rígida composición de mayoría y minoría basada en las características étnicas, y con la tendencia de la primera a identificar sus intereses con los del Estado. *e]* Poner en práctica una solidaridad y fraternidad nacionales que se expresen en una "asimetría positiva", según la cual los más rezagados en el ejercicio de derechos y en el disfrute de bienes básicos reciban apoyos especiales. *f]* La *representación democrática* –en la organización política y administrativa del Estado– de los pueblos y de las regiones socioculturales del país, a tono con la plural composición étnico-nacional de la sociedad.[28]

La autonomía, en el sentido propuesto por el autor, constituye un régimen jurídico-político dentro del Estado nacional, que configura un gobierno

[27] *Ibid.*, pp. 151-152.
[28] *Ibid.*, pp. 153-170.

propio (o autogobierno) para que grupos determinados, con tradición histórica común y características socioculturales propias (costumbres, creencias, lengua, territorio, etc.), puedan desarrollar libremente sus modos de vida, ejercer los derechos que les asisten como colectividades étnicas y manejar ciertos asuntos por sí mismos.

Examinemos brevemente algunos fundamentos del régimen de autonomía que el autor señala como relevantes:

1] La autonomía es un sistema por medio del cual los grupos socioculturales ejercen el derecho a la libre determinación. Para entender la relación entre autodeterminación y autonomía, habría que considerar que una cosa es el principio general (o abstracto) del derecho a la autodeterminación, lo que significa que un pueblo tiene la facultad de "determinar libremente su condición política y proveer libremente su desarrollo económico, social, religioso y cultural", y otra, las formas concretas en que ese principio se realiza. Justamente usando ese derecho a la autodeterminación, por ejemplo, los pueblos pueden decidirse, entre otras: *a*] por la independencia y la formación de un Estado nacional propio, o *b*] por formas de *autonomía* en el marco de un Estado nacional preexistente.

En México, como en el resto de Latinoamérica, prácticamente ninguna organización indígena pretende declarar soberanía política, crear su propio Estado nacional o pronunciarse por la independencia. Lo que desean los indígenas (como se manifiesta en los diversos documentos y pronunciamientos de las propias organizaciones indígenas) es mantener y desarrollar sus formas propias de vida sociocultural en el marco nacional, lo que supone transformaciones de las relaciones opresivas y excluyentes que allí imperan. Los pueblos indios, afirma el autor, han escogido dar la pelea en el contexto del Estado nacional.[29]

2] El régimen de autonomía resulta de un pacto sociopolítico entre el Estado y las colectividades étnicas (o pueblos indios). La autonomía no es efecto de una decisión unilateral (ni de los estados ni de las etnias); es producto de un *compromiso*, de una *negociación* política. En la negociación debe manifestarse la real voluntad de reconocer la pluralidad de la conformación nacional: la existencia misma de los conglomerados étnicos y de que a éstos, por ser tales, les corresponde un conjunto de derechos que debe cobrar vida en el marco del Estado. Por otra parte, también debe expresarse la voluntad de las colectividades de concretar políticamente sus particularidades y de dar forma a la demanda de autonomía.

Como consecuencia de tales compromisos, se establecen los marcos político-jurídicos y las formas institucionales que habrán de garantizar el logro de los propósitos integrantes. Concretamente, ello supone definir un rango constitucional de la autonomía y adoptar el estatuto de la misma. Este estatuto de autonomía debe especificar, mínimamente, los *derechos* de los grupos, el ámbito *territorial* de la entidad autónoma, las *competencias* que le corresponden en relación con las propias del gobierno central y los *órganos* político-administrativos con que funcionará como ente público.[30]

3] El régimen de autonomía se establece en el marco del Estado nacional, en su sentido amplio. El ente autónomo cobra existencia y se realiza como

---

[29] *Ibid.*, pp. 157-164.
[30] *Ibid.*, pp. 156-157.

parte de la vida político-jurídica del Estado. Por ello, el fundamento político y jurídico que da existencia y que norma la operación de un régimen de autonomía emana de la ley sustantiva que funda la vida del Estado nacional. Así pues, un "criterio adicional para reconocer la naturaleza del régimen autonómico es su *carácter legal en general y constitucional en particular*".

Las libertades y facultades de un ente autónomo derivan de la ley y no de un órgano administrativo. En la Constitución se establecen las disposiciones relativas a la existencia, organización y funciones de los entes autónomos. "El que los entes autónomos tengan un *rango* constitucional es importante por cuanto la Constitución es la ley sustantiva que define el carácter y la organización, así como los poderes y el funcionamiento del Estado en su conjunto. Ello hace posible que la autonomía se convierta en una entidad territorial (política y administrativa) del Estado mismo, y además en parte integrante [...] de un sistema vertical de poderes."[31]

4] Como regla, los regímenes de autonomía (por ejemplo, los casos de la Federación Rusa, Dinamarca, España e Italia y, en Latinoamérica, de Nicaragua) "se han constituido como *entidades territoriales*. Basándose en el principio territorial, a veces el instrumento constitucional y más frecuentemente el estatutario especifican el ámbito en el que los grupos étnico-nacionales correspondientes ejercerán sus derechos, y los órganos autonómicos tendrán su jurisdicción." El que los regímenes de autonomía se basen en el principio territorial "no es casual, puesto que el sistema autonómico no sólo define derechos para ciertas personas, sino que

---

[31] *Ibid.*, pp. 153-154 y 166-167.

constituye verdaderos entes políticos en el seno de un Estado; y no hay colectividad en un sentido político sin ámbito territorial".[32]

5] La autonomía regional es un sistema que implica cierta *descentralización política y administrativa* del Estado. Vale la pena indicar que aunque la autonomía provoca descentralización administrativa, lo característico de ella es la descentralización política. La estructura descentralizada supone entonces el reconocimiento o la asignación al ente autónomo de ciertas facultades o *competencias* propias (exclusivas o, en su caso, compartidas con el Estado central).

Así, para garantizar el ejercicio de los derechos autónomos por parte de los grupos étnico-nacionales, la autonomía requiere de una delimitación de campos de competencias que especifican las prerrogativas o facultades constitucionales y legales asignadas a cada uno de los entes político-jurídicos (autogobiernos regionales y gobierno central). La profundidad y amplitud de las competencias asignadas a los grupos étnico-nacionales (mediante sus gobiernos autónomos) dependerá de la fuerza política y de la naturaleza social de los sujetos que demandan la autonomía, de la capacidad negociadora de éstos, etc. Por lo mismo, el "rango" de la autonomía es dinámico y cambiante.[33]

En resumen, como ejercicio de la autodeterminación, la autonomía "supone al menos cuatro elementos esenciales: 1] una base *político-territorial*; 2] una *jurisdicción* propia, correspondiente al ámbito territorial indicado, en cuyos términos se ejercen gobierno y justicia; 3] un *autogobierno* (gobier-

---

[32] *Ibid.*, pp. 164-166.
[33] *Ibid.*, pp. 168-170.

no autónomo), definido como un orden de autoridad específica y constitutivo del sistema de poderes verticales que conforman la organización del Estado; 4] unas *competencias* o facultades propias, exclusivas o compartidas con otras instancias de gobierno, que configuran la descentralización *política* consustancial a cualquier régimen autonómico. Todo ello consagrado constitucional y legalmente como parte del régimen jurídico del Estado."[34]

Adicionalmente, Díaz-Polanco aborda algunas de las condiciones necesarias para la instauración de la autonomía. La democracia nacional y el establecimiento de un nuevo federalismo son requisitos indispensables para crear las bases mínimas que harían posible la realización plena del sistema autonómico. Para ello se requiere:

1] Agregar "a la Constitución un capítulo en donde se señalen, con toda exactitud, los derechos fundamentales y específicos que se reconocen a los pueblos indios. *En el articulado de ese capítulo debe indicarse precisamente el mandato constitucional para establecer, por medio de una ley (estatuto), el régimen de autonomía regional en el marco del cual se realice el autogobierno democrático de los grupos étnicos.* Adicionalmente, desde luego, se harían las modificaciones y adiciones necesarias en las diversas secciones constitucionales que ello sea pertinente."[35]

2] Crear un nuevo *piso* en la organización político-territorial del país, con el doble objeto de que se puedan constituir entidades autónomas, particularmente en aquellas regiones donde exista una

[34] H. Díaz-Polanco, *La rebelión zapatista y la autonomía*, México, Siglo XXI, 1997 (2a. ed. 1998), pp. 207-208.

[35] H. Díaz-Polanco, *La autonomía regional, op. cit.*, pp. 228-229.

mayoritaria presencia de pueblos indígenas, y éstos puedan acceder efectivamente a la autonomía.

La creación de entes autónomos no implica anular los pisos preexistentes (federal, estatal y municipal), sino crear uno nuevo dentro de la organización federal que permita a los pueblos indios resolver un sinnúmero de problemas acumulados históricamente.[36] La delimitación de los territorios o regiones que accederían a la autonomía debe realizarse mediante métodos democráticos: consultando a la población interesada.

3] Normar nuevas formas de convivencia entre los diversos grupos étnicos (indios y no indios) que habitarían las regiones autónomas, con principios nuevos: fraternidad y solidaridad, igualdad de trato e igualdad entre sí.

Para rematar, en aras de la claridad, el autor señala lo que la autonomía *no* es: 1] La autonomía no es un regreso al pasado, sino un ente del presente que perfila un futuro totalmente diferente. 2] La autonomía no implica separatismo, independencia ni desmembramiento de la unidad nacional. El ente autonómico no es algo que se coloca fuera o contra el Estado-nación, sino que es parte integrante del mismo. 4] La autonomía no instituye reservaciones. Por su naturaleza, la autonomía es un sistema que busca establecer una nueva relación entre grupos étnicos y sociedad nacional. 5] La autonomía no busca separar o establecer barreras, sino unir más fuertemente lo que está vinculado de manera débil o indeseable. 6] La autonomía no es excluyente sino inclusiva. 7] La autonomía no procura crear privilegios, sino reconocer legítimos derechos históricos a los pueblos indios.

[36] *Ibid.*, pp. 224-225.

CONSTRUCCIÓN DE IDENTIDADES ÉTNICAS REGIONALES

Lo novedoso de las luchas indígenas desarrolladas a partir de los años ochenta radica, por una parte, en la búsqueda de una mayor articulación con las luchas sociales y fuerzas sociopolíticas del país que pretenden transformaciones en escala nacional, y por la otra, en la formación de organizaciones propias en espacios que trascienden el ámbito comunal. La importancia de este cambio en la naturaleza del movimiento indio puede apreciarse si se compara con las luchas anteriores.

En la época colonial y durante el siglo XIX, los indígenas protagonizaron numerosos motines y rebeliones, pero no alcanzaron a desarrollar organizaciones duraderas desde las cuales luchar por el cambio de su situación; tampoco lograron erigir sólidas alianzas de tipo clasista o convergencias étnicas que sobrepasaran los espacios locales, por lo que sus acciones no pusieron en grave peligro el régimen de dominación. Durante el siglo XX, hasta el momento señalado, la naturaleza del movimiento no fue muy diferente.

Lo nuevo, entonces, de las luchas indígenas de los últimos decenios consiste en la tendencia a crear organizaciones fundadas en nuevos principios; a organizarse en los ámbitos regionales por medio de asociaciones o uniones de comunidades, ejidos y pueblos indios, en las que participan, por lo general, diversas etnias; a articularse con otras agrupaciones sociales y políticas de carácter estatal y nacional, formando redes y vínculos de solidaridad y cooperación, con lo cual obtienen el apoyo moral y social a sus luchas; a desarrollar, en fin, nuevos conocimientos sobre las causas de su propia situación, proponer soluciones a las mismas y construir una nueva identidad política y étnica, basada en una redefinición de los aliados y de los enemigos.

Lo más interesante de estos procesos organizativos ha sido la experiencia y desarrollo de una perspectiva regional que tiene como base el ejido y/o la comunidad. Esto es, la asociación de comunidades y ejidos en torno a proyectos productivos o de desarrollo regional (que además incluyen cuestiones relacionadas con educación, salud, vivienda, agua potable, energía eléctrica, abasto, el aprovechamiento sustentable de sus recursos naturales) y proyectos ambientalistas. Todo ello ha implicado: 1] la superación del aislamiento y de la dispersión de los núcleos indígenas; 2] el paso de una perspectiva atomizada (desde lo comunal, lo ejidal o la pequeña propiedad) a otra regional, que permite pensar, actuar y buscar soluciones a los problemas en una escala más amplia; 3] la promoción de la participación activa de las comunidades en la discusión de los proyectos, en su ejecución, administración y vigilancia; 4] la inclusión de distintas áreas de interés y actividades productivas, y la articulación de esta multiplicidad de intereses con la solución de problemas relacionados con el mejoramiento de la calidad de vida, y 5] la participación de las mujeres en programas específicos.

En este proceso las organizaciones indígenas han tenido que vencer varias dificultades, principalmente la desarticulación política de las comunidades indígenas y los obstáculos creados por el Estado para impedir tanto su participación en los procesos nacionales como su articulación con otros sectores sociales no indios. Para superar estas causas fundamentales de su dependencia y opresión, los indígenas han debido enfrentarse a la tutela del

Estado, al caciquismo y al corporativismo del partido oficial.

El movimiento indígena ha ido a contracorriente. El principal y más costoso escollo ha sido la represión. El encarcelamiento, la tortura, el secuestro y el asesinato de dirigentes; la intimidación, el hostigamiento y la destrucción de las comunidades indígenas inconformes; el chantaje o la cooptación de líderes; la intervención del Ejército y de la policía judicial para reprimir mítines, marchas y movilizaciones reivindicativas, a menudo apoyados por las acciones de guardias blancas formadas por terratenientes o finqueros, han sido el pan de cada día en las zonas indígenas. El propósito es claro: destruir o inhibir el desarrollo de fuerzas y organizaciones regionales independientes.

Hasta finales de los ochenta, los indígenas insistían principalmente en la demanda de tierra y en una lista de medidas para mejorar su situación: créditos oportunos y suficientes, maquinarias, mejores precios de garantía para los productos, centros de abasto para el consumo popular y desaparición de acaparadores; a esto se agregaba el acceso a los servicios básicos: escuelas, centros de salud, caminos, electricidad, agua potable y para riego. También solicitaban salarios justos para los jornaleros agrícolas. Completaba el cuadro el reclamo de respeto a sus culturas, la tenencia de la tierra comunal, el trabajo colectivo, las formas tradicionales de organización social y política, y el uso de sus lenguas. Es decir, demandaban una política que preservara sus sistemas socioculturales.

La reacción represiva del gobierno contra todo movimiento indígena y campesino independiente, particularmente álgida durante la presidencia de José López Portillo, dio a la lucha por las libertades políticas una mayor centralidad. Agraviados por las injusticias y la violación de sus derechos humanos, los indígenas comenzaron a incluir en la lista de sus reclamos –junto a las demandas socioeconómicas y culturales– el derecho a organizarse de manera independiente del gobierno, del partido oficial y de las centrales corporativas; la libertad de los presos políticos; la desaparición de las guardias blancas; el cese de la represión de los cuerpos policiales y de las fuerzas militares; libertad de expresión, de manifestación, de reunión y de organización, y el establecimiento de relaciones democráticas entre las organizaciones sociales y el Estado.

Una de las manifestaciones más sobresalientes en contra de la violación a los derechos de los pueblos indígenas, por su gran repercusión en la opinión pública nacional y por el apoyo y solidaridad que obtuvo de numerosas organizaciones no gubernamentales de derechos humanos, fue la marcha realizada en 1992 por Xi'Nich. Los indígenas tzeltales, zoques y choles de los municipios de Palenque, Ocosingo y Oxchuc, entre otros, marcharon hasta la ciudad de México para denunciar la represión contra la población indígena y la inconstitucionalidad del Código Penal de Chiapas.[37]

Las ideas de democracia, justicia y libertad comenzaron a germinar vigorosamente en los núcleos indígenas, y fueron adquiriendo fuerza la meta de democratizar los espacios rurales, como el ejido y la comunidad agraria, y la lucha por el control social del ayuntamiento.

---

[37] La marcha se denominó "Marcha por la Paz y los Derechos Humanos de los Pueblos Indígenas Xi'Nich".

LA LUCHA POLÍTICO-ELECTORAL

Hasta los años setenta, las organizaciones indígenas, al igual que los demás movimientos sociales no indios, no habían entrado de lleno en la lucha político-electoral.[38] Pero a partir de ese momento empezaron a ser frecuentes en los municipios con población indígena las manifestaciones públicas para, por ejemplo, exigir la destitución de presidentes municipales y de sus colaboradores, acusados de nepotismo, corrupción e irregularidades administrativas, y de ser autores o cómplices de la represión. También se desencadenaron movimientos locales contra el predominio caciquil y la imposición de autoridades municipales, y se hizo más frecuente la participación en las elecciones con candidatos propios. Sin embargo, muy pocos pueblos lograron acceder al gobierno municipal. En la mayoría de los casos, el grupo caciquil, con el apoyo del comité estatal del PRI y de los gobernadores, impide el triunfo de sus opositores –mediante el fraude electoral, la intimidación o la eliminación de candidatos opositores– e impone a sus allegados como autoridades del ayuntamiento. La acción de los caciques busca eliminar por todos los medios a la disidencia política.

La experiencia del municipio de San Juan Chamula, Chiapas, constituye un paradigma de los excesos del caciquismo y de sus nexos con el PRI y el gobierno estatal. También constituye un ejemplo de la lucha por el poder local, a menudo embozada como conflicto religioso, entre caciques y grupos de

[38] Este fenómeno se explica, entre otras razones, por la preponderancia del partido oficial (PRI), la ausencia real de partidos de oposición en las regiones indígenas, el consiguiente desinterés o desconfianza en los procesos electorales y el desarrollo de ideologías antielectorales.

indígenas que buscan la democratización del municipio.

A raíz de las reformas políticas nacionales de los años ochenta, los partidos de oposición fueron incrementando su presencia en los municipios del país, y algunas organizaciones indígenas comenzaron a mostrar mayor interés en participar en las elecciones locales por medio de alianzas con los partidos políticos de oposición. La creación de coaliciones, frentes cívicos, uniones y comités locales, compuestos por alianzas multisectoriales y pluriétnicas, muchas de ellas promovidas por estudiantes universitarios y maestros indígenas, favoreció la incorporación de los indígenas a la lucha político-electoral .

La Coalición Obrero Campesino Estudiantil del Istmo (COCEI) constituye el ejemplo más notable de una organización social (bastante atípica en los años setenta y ochenta), integrada en su mayoría por indígenas, que intenta articular la lucha por la democracia política con el movimiento social, y establecer vínculos con partidos nacionales de oposición para competir frente a los candidatos del partido oficial y acabar con el monopolio priista del ayuntamiento. En 1980, la COCEI ganó la presidencia municipal de Juchitán y, en 1983, ya estaba disputando las presidencias municipales en doce municipios del Istmo de Tehuantepec.

A partir de 1988, con la conformación del amplio movimiento neocardenista, el mito de que el PRI era invencible se vino abajo, y la lucha por la democracia política por medio de la vía electoral se fue generalizando. Al igual que la población mestiza, los núcleos indígenas mostraron mayor interés por las elecciones, haciendo más competitivos los procesos electorales locales. Como es sabido, los conflictos electorales han proliferado, debido a la resistencia del PRI-gobierno a admitir el principio democrático de la alternancia del poder en todos los niveles de gobierno (federal, estatal y municipal).

En las regiones indígenas la competencia electoral se ha centrado básicamente entre dos partidos: el PRI y el Partido de la Revolución Democrática (PRD). La creciente presencia del PRD en los municipios indígenas es la expresión de la mencionada tendencia de los pueblos indios a desprenderse del control priista e incorporarse a la lucha por la democracia. Un ejemplo ilustrativo de esto fueron las elecciones municipales realizadas en el estado de Michoacán en 1989, en las que el PRD obtuvo 74 municipios.[39] El INI (basándose en el Censo General de Población y Vivienda de 1990) registra 13 municipios en Michoacán con 30% o más de población indígena; el PRD ganó las elecciones en 12 de ellos.[40]

A principios de 1995, el PRD gobernaba en 119 municipios, de los cuales 36 se caracterizaban por tener 30% o más de población indígena; a mediados de 1997, el número de municipios gobernados por el PRD aumentó a 241, de los cuales alrededor de setenta eran municipios con 30% y más de población indígena. Esto es, en dos años el PRD duplicó el número de municipios gobernados, así como el número de municipios con cerca de un tercio o más de población indígena en los que obtuvo el triunfo.

[39] De éstos, 60 fueron presidencias municipales y 14 consejos municipales.
[40] Véase Arnulfo Embriz (coord.), *Indicadores socioeconómicos de los pueblos indígenas de México*, México, Instituto Nacional Indigenista, 1993, y Secretaría Nacional de Asuntos Municipales del Partido de la Revolución Democrática, *Carpeta de Información al Comité Ejecutivo Nacional*, ms., México, marzo de 1995.

Ahora bien, si el neocardenismo liberó los anhelos democráticos de amplios sectores de la sociedad mexicana y desató un movimiento por la democracia política y social que se expresó en los diversos estados de la República, particularmente en los estados del centro y sur, la irrupción armada del Ejército Zapatista de Liberación Nacional, el 1 de enero de 1994, reafirmó el sentido de la lucha por restituir al pueblo mexicano su derecho a elegir en libertad a sus gobernantes. Asimismo, el levantamiento zapatista desbordó el movimiento de los pueblos indios, haciendo converger la lucha por la democracia con la lucha por la autonomía.

A partir de la rebelión zapatista se desató en el estado de Chiapas una disputa por el poder municipal, que se fue transformando en una lucha autonómica. En el contexto chiapaneco, la lucha por la autonomía adquirió los ribetes de una revolución política. Durante 1994 se desataron movilizaciones populares en por lo menos 44 municipios. La exigencia fundamental era la destitución de los respectivos presidentes municipales y la constitución de consejos ciudadanos elegidos democráticamente. El 12 de octubre de 1994, el Consejo Estatal de Organizaciones Indígenas y Campesinas (CEOIC), organización conformada a raíz de la insurrección zapatista, anunció la constitución de regiones autónomas en las zonas del Norte, Los Altos, Frontera, Centro y Selva. En diciembre del mismo año, el EZLN declaró la formación de 30 nuevos municipios rebeldes en las regiones de Los Altos, Norte y Selva. En 1997, el EZLN decidió dar un sentido autonómico a los gobiernos locales: proclamó la constitución de consejos autónomos municipales (en 38 municipios rebeldes) y varias regiones autónomas en los territorios bajo su influencia.

La lucha por la autonomía municipal se ha ido extendiendo a otros estados: en Guerrero, desde 1995, comunidades indígenas de cuatro municipios comenzaron a organizarse para crear un municipio autónomo, al que han denominado Rancho Nueva Democracia, y a exigir su reconocimiento. Como consecuencia, hasta 1998 habían sido asesinados 13 indígenas, promotores y activistas del nuevo municipio. En el mismo año, el pueblo de Tepoztlán, Morelos, inició una lucha por el derecho a decidir sobre el uso y destino de sus territorios y recursos, y por su derecho a tener un municipio libre y autónomo.[41]

En Oaxaca, probablemente con el objeto de contrarrestar el "efecto Chiapas" entre las comunidades indígenas oaxaqueñas, el Congreso estatal aprobó en agosto de 1995 una reforma al Código de Instituciones Políticas y Procedimientos Electorales de Oaxaca, mediante la cual se reconocen los procedimientos basados en los usos y costumbres que las comunidades indígenas utilizan para elegir a las autoridades municipales. Con esta reforma, el estado de Oaxaca legalizó lo que las comunidades indígenas practicaban de hecho, con la acotación de que "una vez que las comunidades han definido a sus candidatos a formar parte del gobierno municipal, deberán solicitar su registro ante las autoridades electorales, pudiendo hacerlo directamente, sin necesidad de que intervenga algún partido político,

[41] Antes, en Morelos, la comunidad de Tetelcingo inició (1981) movilizaciones para exigir su derecho a constituirse en un nuevo municipio libre e independizarse del municipio de Cuautla, argumentando que las autoridades de este municipio no toman en cuenta sus necesidades. M. C. Mejía. y S. Sarmiento, *op. cit.*, p. 114.

o bien a través de alguno de éstos".[42] En las elecciones municipales efectuadas el 12 de noviembre de 1995, en las que se puso en operación la reforma aludida, 165 municipios optaron por el régimen de partidos políticos (de éstos, el PRI ganó 104; el PRD, 35, y el PAN 11), y 405 por el régimen de usos y costumbres.[43] Buena parte de los pueblos indígenas que optaron por la vía de los partidos, utilizando el registro del PAN y del PRD, ya venían practicando alianzas con ellos. En cambio, algunos pueblos indios que optaron por el sistema de usos y costumbres para elegir a sus autoridades municipales habían tenido menos contacto con los partidos de oposición y utilizaron la vía tradicional como medio para rechazar a los caciques y al partido oficial. En algunos de estos municipios los priistas se opusieron al sistema de usos y costumbres, avizorando que les sería adverso, e insistieron "en su derecho de elegir a sus autoridades por la vía del voto".[44]

Si bien tales reformas atienden parcialmente a los reclamos de muchos pueblos indios de Oaxaca,[45] hasta ahora se advierten algunos inconvenientes: entre otros, el de inhibir el pluralismo político en el

[42] Cf. Dictamen de la Comisión de Administración de Justicia del Congreso del Estado de Oaxaca, Oaxaca de Juárez, Oax., 30 de agosto de 1995, p. 6.

[43] Instituto Estatal Electoral de Oaxaca, Dirección General, *Concentrado de municipios por tipo de elección*, 1995.

[44] "Por defender sus intereses, acusan de *zapatistas* a 73 comunidades de la Mazateca Alta", *La Jornada*, 28 de noviembre de 1995, p. 21.

[45] Algunos pueblos no están del todo satisfechos con la reforma porque: 1] las autoridades electas por las asambleas comunitarias no son reconocidas de manera inmediata por las autoridades electorales, y 2] la voluntad de la comunidad debe ratificarse el día de las elecciones constitucionales mediante sufragio universal, libre, secreto y directo.

interior de las comunidades indígenas; profundizar la desvinculación respecto de las fuerzas políticas extralocales, y extraer los votos indígenas de la lucha político-electoral que se escenifica en el ámbito estatal.

ORGANIZACIONES DE PRODUCTORES INDÍGENAS

Atrapados en una coyuntura histórica de drásticos cambios en las políticas gubernamentales –que procuran la "modernización" capitalista en el agro y el desplazamiento o la liquidación del sector campesino, entre el que se incluye a los indígenas, por considerarlo atrasado e improductivo– los pueblos indios han buscado contrarrestar o al menos suavizar su impacto y proponer alternativas.

La lucha por la tierra, preponderante en las movilizaciones de los años setenta, tiende a debilitarse por la represión gubernamental desatada contra este tipo de demanda. Algunos sectores indígenas con tierras adoptan nuevas herramientas conceptuales y estrategias de lucha. Aunque persisten organizaciones que mantienen la lucha por la tierra y la sindicalización de los trabajadores agrícolas, como es el caso de la CIOAC, surgen numerosas organizaciones regionales y comunitarias que toman otros caminos.

Buena parte de las organizaciones, particularmente las integradas por núcleos indígenas con tierras, adoptó una nueva modalidad de lucha fincada en dos conceptos básicos: la apropiación del proceso productivo y la autonomía organizativa. El primero significaba que las organizaciones campesinas de productores debían ejercer el control y la autogestión de los proyectos económicos en todas sus etapas: financiamiento, planeación, desarrollo, transferencia de tecnología agrícola, industrialización y comercialización. El segundo concepto se refería a la independencia de las organizaciones campesinas frente a las centrales oficiales y los partidos, y respecto de las empresas e instituciones paraestatales, lo que implicaba ser autónomo en lo financiero, lo comercial y lo técnico.[46]

Aunque el modelo de este "nuevo tipo de organizaciones de productores" rurales –esto es, organizaciones de segundo y tercer niveles, como las uniones de ejidos y comunidades, y las uniones de crédito– ya había sido ideado e incluso fomentado por el Estado en los años setenta y principios de los ochenta, la diferencia radicaba ahora en el acento que ponían a fines de este decenio en la autonomía organizativa y en la apropiación del proceso productivo.

La asesoría e influencia de los activistas de Línea Proletaria, inicial impulsora de la nueva corriente, destaca entre los campesinos cafetaleros. En Chiapas, promovieron la formación de grupos campesinos solidarios en las zonas chol, tzotzil, tzeltal, Comalapa y Motozintla, y la constitución en 1980, de la Unión de Uniones Ejidales y Grupos Campesinos Solidarios de Chiapas –inicialmente conformada por tres Uniones de Ejidos (Quiptic Ta Lecubtecel, Lucha Campesina y Tierra y Libertad) y cinco grupos campesinos solidarios–, en la que participaron 180 comunidades de 11 municipios. En

[46] Para los planteamientos teóricos de esta corriente, en particular sobre los conceptos de autonomía y apropiación del proceso productivo, véase Gustavo Gordillo, *Campesinos al asalto del cielo: de la expropiación estatal a la apropiación productiva*, México, Siglo XXI, 1988.

otros estados, su influencia fue particularmente relevante después de la caída de los precios del café en 1982. Las grandes movilizaciones de los cafetaleros en contra de la política del Inmecafé y por el incremento de los precios del grano favorecieron la conscientización entre los productores y llevó a éstos a la decisión de fortalecer su organización económica y política. En este proceso se formaron diversas organizaciones independientes de caficultores y muchas otras se desprendieron de las estructuras corporativas del Estado para seguir un camino autónomo.

Los militantes de Línea Proletaria aconsejaban que la nueva lucha de los cafetaleros se orientase hacia "la apropiación del proceso de producción, beneficio y comercialización del café". Las organizaciones regionales de cafetaleros que adoptaron el "nuevo terreno de lucha" se convirtieron, a su vez, en promotores de redes campesinas estatales y nacionales que buscaban coordinar acciones en favor del gremio y presionar por la apertura de espacios para la concertación. Así, en 1987 se creó la Alianza de Organizaciones Campesinas Autónomas de Guerrero, en la que confluyeron la Coalición de Ejidos Cafetaleros de la Costa Grande y otras organizaciones regionales. En 1989 se formó la Coordinadora Estatal de Productores de Café de Oaxaca (CEPCO), promovida inicialmente por organizaciones independientes, tales como la Unión de Comunidades Indígenas de la Región del Istmo (UCIRI), la Unión de Comunidades Indígenas de la Zona Norte del Istmo (Ucizoni) y la Unión de Comunidades Indígenas (UCI)-100 Años de Soledad. Posteriormente se adhirieron a la coordinadora varias Unidades Económicas de Producción y Comercialización que se habían desprendido del control cenecista. En poco tiempo, la CEPCO estaba integrada por 35 organizaciones regionales, que incluían a más de 18 000 pequeños productores de café, pertenecientes en su mayoría a algún grupo étnico: mazatecos, mixes, chinantecos, zapotecos, triquis, mixtecos y zoques.[47]

Estas organizaciones estatales (la CEPCO y la Alianza de Organizaciones Campesinas Autónomas de Guerrero) serían los pilares de la Coordinadora Nacional de Organizaciones Cafetaleras (CNOC), constituida en 1989.[48] En pocos años, la CNOC creció de manera notable: de las 26 organizaciones que la integraban en 1989, se saltó en 1992 a más de 70 organizaciones de los estados del sur-sureste, con una presencia preponderante de indígenas de diversas etnias. La CNOC tenía a su vez estrechas relaciones con la Unión Nacional de Organizaciones Regionales Campesinas Autónomas (UNORCA), la cual se había constituido en 1985. En ésta, a diferencia de la CNOC, casi no se integró el "sur del país, agrario e indio".[49]

[47] La Coordinadora se hizo "cargo del proceso de distribución, de la obtención y administración de créditos, del acopio, del beneficiado y de la venta de su producto en el mercado nacional y en el extranjero". Julio Moguel y Josefina Aranda, "Los nuevos caminos en la construcción de la autonomía: la experiencia de la Coordinadora Estatal de Productores de Café de Oaxaca", en J. Moguel, C. Botey y L. Hernández (coords.), *Autonomía y nuevos sujetos sociales en el desarrollo rural*, México, Siglo XXI-CEHAM, 1992, p. 184.

[48] Alberto Olvera Rivera y Cristina Millán Vázquez, "Neocorporativismo y democracia en la transformación institucional de la cafeticultura: el caso del centro de Veracruz", *Cuadernos Agrarios*, núm. 10, México, julio-diciembre de 1994, p. 59.

[49] Luis Hernández, "La UNORCA: doce tesis sobre el nuevo liderazgo", en J. Moguel, C. Botey y L. Hernández (coords.), *op. cit.*, p. 64.

Tanto la UNORCA como el conjunto de las organizaciones de productores bajo su influencia tenían como estrategia el negociar con el gobierno recursos y "el respeto a su autonomía a cambio de compromisos de producción y productividad y de mantener una actitud *apolítica* en las elecciones".[50] Este apoliticismo programático hizo crisis en 1988, cuando hubo de decidirse por uno de los dos proyectos políticos enfrentados: la "reconversión neoliberal" que prometía Carlos Salinas de Gortari, o la "reforma democrática" que impulsaba el neocardenismo.[51] Bartra señala que parte de la directiva de la UNORCA disfrazaba "de 'neutralidad' sus fuertes compromisos con el salinismo", mientras que la mayoría de las bases de las organizaciones rurales autónomas simpatizaba con Cuauhtémoc Cárdenas.[52]

Así, en el gobierno de Carlos Salinas de Gortari, algunos de los principales ideólogos y promotores de la propuesta de "la apropiación del proceso productivo", se convirtieron en líderes de la CNC o en altos funcionarios de gobierno, dirigiendo "programas específicos en áreas de la SARH, del INI, del Programa de Solidaridad",[53] como fueron los casos de Gustavo Gordillo y de Adolfo Oribe, entre otros.

Pero, aunque algunas de las organizaciones asociadas a la UNORCA y a la CNOC se vieron beneficiadas con recursos institucionales como retribución a su fidelidad, la política neoliberal aplicada por el sa-

[50] *Ibid.*, p. 60.

[51] Armando Bartra, "Unorquismo y neocardenismo en el Guerrero profundo. La participación social en el espejo de los tiempos", *La Jornada del Campo*, año 4, núm. 55, México, 30 de abril de 1997, p. 2.

[52] Ídem.

[53] Julio Moguel, "Crisis del capital y reorganización productiva en el medio rural", en J. Moguel *et al.*, *op. cit.*, p. 18.

linismo afectó gravemente las organizaciones de ese tipo,[54] al grado de que algunas de ellas no pudieron sobrevivir. Esto produjo una gradual pérdida de credibilidad hacia la UNORCA, sobre todo hacia los unorquistas convertidos al salinismo.[55]

A partir de entonces se planteó la necesidad de evaluar las estrategias de lucha y desarrollo de las organizaciones que habían adoptado la "apropiación del proceso productivo", así como los rasgos de la política neoliberal en curso y sus efectos en el sector social del campo mexicano. En los encuentros promovidos por la UNORCA y la CNOC –particularmente en el taller: "Perspectiva del Movimiento Campesino Nacional", realizado en Oaxaca a principios de 1991– fue destacada la participación de las organizaciones de productores indígenas del sursureste del país, quienes introdujeron en el debate nuevas problemáticas y horizontes de lucha.[56] Los

[54] Por ejemplo, el apoyo del gobierno de Salinas a la decisión de otros países de romper con las cláusulas de la Organización Internacional del Café (OIC) produjo la caída de los precios internacionales del grano en más del 50%, lo que dejó a las organizaciones que comercializaban su producto en el extranjero con deudas millonarias. La desincorporación del Inmecafé agravó aún más la situación de los cafetaleros.

[55] La reforma antiagraria del artículo 27 constitucional, de la que fueron "corresponsables algunos de los más preclaros fundadores y asesores de UNORCA", la drástica reducción de los subsidios al campo y de los apoyos a los productores, la apertura económica indiscriminada, la desregulación de los precios, la privatización de las empresas públicas relacionadas con el agro, así como la promoción de un neocorporativismo apuntalado por el Pronasol (Programa Nacional de Solidaridad), hicieron perder prestigio y credibilidad a la UNORCA. A. Bartra, *op. cit.*, p. 3.

[56] Julio Moguel, "La lucha por la apropiación de la vida social en la economía cafetalera: la experiencia de la CNOC. 1990-1991", en J. Moguel *et al.*, *op. cit.*, pp. 98-118.

señalamientos giraron en torno a la crisis de los conceptos de autonomía y de la apropiación del proceso productivo. La crisis del concepto de autonomía resultaba de su interpretación como neutralidad política o concertación despolitizada con el Estado. Este apoliticismo había conducido a las organizaciones a desdeñar las cuestiones político-electorales y a desvincular la lucha por las reivindicaciones gremiales de la lucha cívica por la democratización del país. Asimismo, en aras de fortalecer la autonomía de las organizaciones para contrarrestar el estatismo, se llegó al extremo de desentenderse de las políticas gubernamentales, al grado de admitir la política neoliberal y abstenerse de exigir al Estado el cumplimiento de sus funciones y obligaciones con el sector social. Como conclusión, se propuso encauzar la lucha de las organizaciones rurales hacia nuevos objetivos, sin abandonar su autonomía respecto de los partidos políticos, tales como: 1] la reforma del Estado, con el propósito de constituir un nuevo régimen democrático y social, que mantuviera sus funciones "compensatorias, redistributivas y de fomento" (inversión al campo, créditos, asistencia técnica, estímulos, subsidios, aranceles), y 2] participar en la lucha cívica por la democracia municipal, estatal y nacional.[57]

El concepto de apropiación del proceso productivo fue también cuestionado, sobre todo por los campesinos indígenas pobres, por su sesgo economicista y sectorialista y por soslayar reivindicaciones específicas, como las étnicas, ecológicas, agrarias, de las mujeres campesinas y contra la represión. Como conclusión, se propuso "pasar de la idea simple de

[57] *Ibid.*, pp. 115-118.

la apropiación del proceso productivo a la *apropiación de la vida social*". La adopción de este esquema implicaba "construir regiones técnica, económica y socialmente integradas",[58] e impulsar programas integrales y multisectoriales de carácter regional que abarcaran no sólo aspectos productivos sino también los relacionados con el abasto de productos básicos, la salud, el transporte y otros servicios.

Ahora bien, habría que señalar el papel que cumplieron otras agrupaciones campesinas nacionales en la promoción de la organización de los núcleos campesinos en torno a la producción, como fue el caso de la CIOAC. Ésta creó la Unión Nacional de Crédito Agropecuario, Forestal y Agroindustrial de Ejidatarios, Comuneros y Pequeños Propietarios Minifundistas (UNCAFAECSA). A través de esta unión de crédito nacional, con sucursales en varias regiones, se canalizaban recursos financieros a los productores ligados a la central. Similares acciones impulsaron la Unión General Obrero Campesina Popular (UGOCP) y la Alianza Campesina del Noroeste (Alcano).

En algunos casos, los indígenas encabezaron procesos organizativos "alrededor del abasto, la vivienda, así como de proyectos productivos como granjas, establos, molinos o talleres de costura", como fue el caso de la Unión de Comunidades del Valle del Mezquital;[59] o la Coalición de Ejidos de la Costa Grande de Guerrero, que integraba a principios de los años noventa a cafetaleros, maiceros,

---

[58] *Ibid.*, p. 117.
[59] Véase Rosario Robles, "La Unión de Comunidades del Valle del Mezquital: la autogestión en las tierras de la extrema pobreza", en J. Moguel *et al.*, *op. cit.*, pp. 194-218.

apicultores, copreros y plataneros, además de los comités de abasto y de salud. La Unión Regional de Ejidos de Producción y Comercialización de la Costa Chica (URECCH), formada por indígenas, abarcaba la producción y comercialización de la miel, del maíz y del ajonjolí, además de la participación activa de sus miembros en los Consejos Comunitarios de Abasto y en los Comités Regionales de Abasto.[60]

ORGANIZACIONES INDÍGENAS AMBIENTALISTAS

En México, las principales zonas de bosque (templados y tropicales) han estado tradicionalmente habitadas por las diversas etnias del país.[61] Más aún, los pueblos indios están asentados en zonas estratégicas desde el punto de vista económico (recursos forestales, petrolíferos, mineros, etc.), ecológico (por su gran riqueza y diversidad en especies animales y vegetales) y geopolítico (fronteras, costas), etc. Esto explica, en gran medida, que se afianzara en

[60] El área de influencia de la URECCH "se extiende sobre los municipios de Azoyú, Cuajinicuilapa, Iguala, Ometepec, Tlacoachistlahuaca y Xochistlahuaca", habitados por amuzgos, mixtecos y tlapanecos. Véase Gisela Espinosa y Miguel Meza, "La organización para el abasto en el sureste de la Costa Chica de Guerrero", en J. Moguel *et al.*, *op. cit.*, pp. 157-166.

[61] Toledo señala que en "1988 más de tres millones de unidades productivas campesinas (ejidos y comunidades indígenas) detentaban la mitad del territorio nacional (unos 95 millones de hectáreas)". Esta superficie "incluye el 70% de las áreas forestales (templadas y tropicales) y el 80% de las zonas agrícolas (fundamentalmente temporaleras) del país". Víctor M. Toledo, "Toda la utopía: el nuevo movimiento ecológico de los indígenas y campesinos de México", en J. Moguel *et al.*, *op. cit.*, p. 37.

los grupos de poder la idea de considerar a los pueblos indios y las zonas que habitan como un asunto de Estado, y que éste ejerciera su tutela sobre el patrimonio y los recursos naturales de los pueblos indios. Esta tutela suponía la vulnerabilidad social, económica y política de los indígenas, hasta el punto de considerarlos una especie de menores de edad, lo que permitía desechar la otra vía: establecer las medidas jurídico-políticas necesarias para garantizar que los pueblos indios ejerzan el control sobre sus territorios y recursos.[62]

Lejos de que el Estado preservara, mantuviera y desarrollara el patrimonio de los pueblos indios, los proyectos "modernizadores" promovidos en los últimos decenios condujeron a la invasión y al despojo de las tierras comunales y ejidales de esos pueblos, a la expropiación de sus recursos naturales por parte de ganaderos y empresas madereras estatales y privadas, y a la consecuente expulsión y migración de cientos de indígenas de sus regiones. Esto, a su vez, ha provocado efectos negativos sobre el medio ambiente. Los programas gubernamentales de colonización y de fomento a la ganadería extensiva, particularmente relevante a partir de los años setenta, causaron graves problemas sociales y ecológicos: destrucción de miles de hectáreas de

---

[62] La perspectiva tutelar adoptada por el Estado mexicano se advierte con toda claridad en el artículo 39 de la Carta Internacional Americana de Garantías Sociales (1948), de la Organización de los Estados Americanos (OEA). Dice: "El Estado ejercerá su tutela para preservar, mantener y desarrollar el patrimonio de los indios o de sus tribus, y promoverá la explotación de las riquezas naturales, industriales, extractivas o cualesquiera otras fuentes de rendimiento, procedentes de dicho patrimonio o relacionadas con éste, en el sentido de asegurar, cuando sea oportuna, la emancipación económica de las agrupaciones autóctonas."

bosques y selvas, erosión del suelo, contaminación de las principales cuencas y pérdida de biodiversidad. El mismo efecto ha tenido el apoyo gubernamental a la explotación irracional de los recursos forestales, otorgados a empresas madereras privadas (nacionales y extranjeras), con la consecuente degradación del medio.

Tales proyectos forestales y ganaderos, auspiciados por las autoridades estatales y nacionales, sólo han enriquecido a grupos de poder económico y político ligados directa o indirectamente a intereses transnacionales, dejando a los indígenas en la miseria, rotas sus formas de relación y solidaridad intercomunal, y gravemente afectado el ecosistema.

Como respuesta a esos procesos, a partir de los años setenta comenzaron a surgir organizaciones regionales en torno a la lucha por la defensa de los recursos forestales de las comunidades y ejidos indígenas, por el derecho a la explotación colectiva de los bosques y la retención de los beneficios de la explotación de estos recursos. En esas luchas se incluye la de los rarámuris de diversos ejidos contra la explotación y usurpación de sus bosques por empresas privadas y estatales. En 1983, exigen la restitución del permiso de explotación forestal a ejidatarios indígenas. Igualmente, los purépechas de Santa Cruz Tanaco, Michoacán, lucharon durante años contra contratistas y por el control y manejo de sus bosques. En 1973 constituyen la Empresa Forestal Comunal con 275 comuneros, vinculando su sistema sociocultural con el funcionamiento de la empresa. Los comuneros nahuas de Milpa Alta crearon una organización independiente en 1979, Comuneros Organizados de Milpa Alta, con el objeto de encauzar la lucha contra las empresas madereras y para la defensa y conservación de sus bosques (27 000 hectáreas). En 1981, el pueblo triqui del municipio de Copala, Oaxaca, forma el Movimiento de Unificación y Lucha Triqui (MULT) para defender sus tierras comunales y recursos forestales. Por su parte, las comunidades zapotecas y mixes de la Sierra Norte de Oaxaca crearon en 1980 varias organizaciones, como la Organización en Defensa de los Recursos Naturales y Desarrollo Social de la Sierra Juárez (Odrensij) y el Comité de Defensa de los Recursos Naturales y Humanos Mixes (Codremi), para defender sus recursos forestales, así como el régimen comunitario de su tierra, su cultura y gobierno comunitario.

La lucha de los indígenas por el control de los recursos naturales adquiere mayor relevancia a principios de los noventa, debido a la proliferación de organizaciones con orientaciones ambientalistas. Esta orientación es estimulada por el creciente interés en la problemática medioambiental entre investigadores y científicos, y por la simpatía y solidaridad de diversas organizaciones nacionales e internacionales hacia las luchas "ecologistas" de los pueblos.

Las investigaciones ecológicas de los últimos años, en constante auge, comprueban que los sistemas socioculturales de los pueblos indios (sus formas de organización socioeconómica y política, de ordenamiento y aprovechamiento del territorio, su cosmovisión y conocimientos del medio y sus tecnologías tradicionales) han desempeñado un papel esencial en el mantenimiento del equilibrio ambiental, por lo que se estima que los pueblos indios constituyen una fuente de alternativas para el desarrollo sociocultural y ecológicamente sustentable. Pero también advierten sobre los problemas y retos para un desarrollo regional sustentable por la imposición a las comunidades indígenas de ciertas lógicas o patrones de producción y de cultivos. El crecimiento demográfico, la irregularidad en la tenencia de la tierra, la erosión de los suelos, el menoscabo de los sistemas socioculturales indígenas, etc., constituyen los problemas a enfrentar.

Los pueblos indios han ido tomado conciencia de estos problemas. Son cada vez más numerosos los pueblos y sus organizaciones que están considerando estrategias para introducir nuevamente prácticas de conservación, uso y manejo integral y diversificado del medio y sus recursos. Al mismo tiempo, han incorporado el concepto de "renovabilidad", en el sentido de recuperar los ecosistemas y preservarlos.

Existen experiencias interesantes de organizaciones y comunidades indígenas que han incluido la visión ambientalista en sus proyectos productivos y en la explotación de los bosques, con resultados positivos. Tal es el caso de varias comunidades zapotecas, mixtecas y chinantecas de Oaxaca, de comunidades purépechas de la Zona Lacustre y la Ciénega de Zacapu, Michoacán, o de diversas comunidades mayas de Quintana Roo, que se han destacado por el manejo sustentable de sus recursos forestales. También sobresale la labor de distintas organizaciones indígenas en el impulso de proyectos de desarrollo regional sustentable, que buscan combinar la promoción de cultivos orgánicos y/o la diversificación de cultivos, con la conservación de los ecosistemas y el aprovechamiento de sus recursos naturales.[63]

___

[63] Véase Víctor M. Toledo, "La utopía realizándose", *Ojarasca*, en *La Jornada*, núm. 4, México, agosto de 1997, pp. 3-9, y Salvador Anta Fonseca, "Los pueblos indios y el medio am-

Existen organizaciones que han desarrollado durante varios años una lucha intensa por el rescate y restauración de sus recursos naturales, y contra la contaminación de tierras y aguas ocasionada por las actividades de Pemex, como ha sido el caso de los indígenas chontales de Tabasco. Otras están dando la batalla para conseguir el reconocimiento y la titulación de sus territorios y para asegurar el control y aprovechamiento de sus recursos. En esta lucha se inscriben los indígenas zoques de la región de los Chimalapas, quienes han obtenido el apoyo de grupos ecologistas.[64]

En ese contexto de presiones, el Estado mexicano ha incrementado el número de áreas naturales protegidas. A finales del decenio de los setenta había alrededor de 800 000 hectáreas dentro del programa de protección; en 1996 se había incrementado hasta 10 millones de hectáreas, con un total de 89 áreas decretadas e integradas en el Sistema de Áreas Naturales Protegidas (SINAP). Estas áreas incluyen varias categorías: reservas de la biosfera, reservas especiales de la biosfera, áreas de protección de flora y fauna silvestre, monumentos marinos, parques marinos y parques nacionales.[65]

biente en México", en *La Jornada del Campo*, México, 26 de septiembre de 1995, pp. 10-11.

[64] Los Chimalapas abarca 594 000 hectáreas, habitadas por cerca de doce mil personas. Alberga más de 900 especies vegetales y más de 200 especies animales, por lo que es considerado uno de los lugares más ricos en recursos genéticos del mundo. Véase Rosa Rojas, *Chiapas: la paz violenta*, México, La Jornada Ediciones, 1995, pp. 147-174.

[65] Leonardo Meza, "Petróleo y biodiversidad: ¿enemigos por siempre?", *La Jornada del Campo*, 29 de enero de 1997, pp. 10-11.

La creación de áreas protegidas (o reservas ecológicas) en las regiones habitadas por pueblos indígenas, a menudo se ha concebido e instrumentado de manera autoritaria, sin tomar en cuenta a los pueblos interesados. De hecho, las áreas de protección han tenido como objetivo el afianzar el dominio y control federal sobre esos territorios y sus recursos, y limitar los derechos de los pueblos que los habitan. Algunas organizaciones indígenas han denunciado tales propósitos y exigen que las reservas ecológicas que se encuentran en su territorio pasen a ser administradas por gobiernos indígenas. Sin embargo, la reciente expedición de ordenamientos jurídicos para la protección del medio ambiente y la reforma a la Ley Forestal (aprobada el 24 de abril de 1997 por diputados priistas y panistas), no recogen las aspiraciones y los derechos de los pueblos indígenas. Las medidas de preservación medioambiental son coercitivas, poco prácticas y no apuntan a la prevención; y la nueva Ley Forestal –que se inscribe en el marco de las reformas neoliberales iniciadas en 1991, en las que se incluyen las reformas al artículo 27 constitucional y la Ley Agraria– promueve plantaciones forestales comerciales y propicia el rentismo, no incluye el tema de los derechos de propiedad sobre los recursos forestales de los pueblos indios ni contempla las cuestiones ecológicas y de manejo ambiental. Esta ley es una muestra de las contradicciones de la política gubernamental en las gestiones de conservación y las acciones de "desarrollo" económico. Esto es, por un lado se crean áreas y ordenamientos jurídicos de protección de la naturaleza y, por el otro, se promueven estilos de desarrollo que se basan en una transformación extensiva de los ecosistemas. Un ejemplo claro de ello son las plantaciones de eucaliptos que se expanden en el sur de Veracruz.

Hasta ahora, el ordenamiento jurídico del Estado sobre recursos naturales parte de una concepción desarticulada de la naturaleza: separa los recursos del suelo y subsuelo; la tierra de la flora y fauna; el territorio del curso del agua, etc. En la concepción indígena existe una visión integradora, que articula el territorio (suelo, subsuelo, agua, tierra, etc.) y la cultura con el aprovechamiento y la conservación de los recursos naturales. Esta concepción fue socavada por la prolongada influencia de ideologías de corte campesinista. Asimismo, contribuyó a ello el carácter de las leyes agrarias nacionales y el proceso de entrega de tierras a los indígenas, lo que profundizó aún más la fragmentación de los territorios indígenas en pequeñas extensiones. Sin embargo, en los últimos años los indígenas han tomando conciencia de este problema y están retomando aquella visión prístina. En algunos pueblos indígenas está adquiriendo cada vez más fuerza la lucha por el reconocimiento de sus territorios y sus derechos de propiedad, uso, aprovechamiento, conservación y administración de los recursos naturales.

En esta etapa los pueblos indígenas se han apoyado en un instrumento internacional: el Convenio 169 de la Organización Internacional del Trabajo, firmado por el gobierno mexicano en 1990, y vigente en nuestro país a partir del 5 de septiembre de 1991. Tal fue el caso del Consejo de Pueblos Nahuas del Alto Balsas, Guerrero, constituido en 1990 por las autoridades de más de 22 pueblos nahuas. Su objetivo principal era lograr la cancelación del proyecto hidroeléctrico de San Juan Tetelcingo, cuyo embalse inundaría parte importante de su territorio. A través de la organización, los indígenas desarrollaron una serie de acciones (movilizaciones, marchas, huelgas de hambre, bloqueos de carreteras, etc.), buscando difundir su problema y alcanzar apoyos en la opinión pública nacional e internacional. En este empeño recurrieron al Convenio 169, que obliga a los gobiernos a tomar en cuenta el punto de vista de los indígenas afectados por medidas de aquéllos. Al mismo tiempo, los nahuas elaboraron un *Plan alternativo para el desarrollo regional del Alto Balsas*, el cual incluía un diagnóstico del impacto ambiental y sociocultural que la mencionada presa causaría y, como contrapartida, una propuesta de desarrollo regional sustentable (que articula producción, cultura y territorio, así como aprovechamiento y conservación de los recursos naturales). Finalmente, lograron que el 13 de octubre de 1992, el entonces presidente Carlos Salinas cancelara dicho proyecto.[66]

Muchos otros pueblos no corrieron con la misma suerte. Indígenas mazatecos y chinantecos de Oaxaca fueron obligados a abandonar sus territorios para la construcción de las Presas de Cerro de Oro y Miguel Alemán. Las presas Angostura y Malpaso en Chiapas también se hicieron violentando los derechos de los pueblos indios. Recientemente, el pueblo mayo de Huites, en Sinaloa, fue desplazado de su territorio a fin de construir la presa Luis Donaldo Colosio.

Existe un patrón común: a estos pueblos no se les informó ni se les consultó acerca de las obras públi-

---

[66] Cf. Marcelino Díaz de Jesús *et al*, *Alto Balsas: pueblos nahuas en lucha por la autonomía, desarrollo y defensa de nuestra cultura y territorio. Historia testimonial de un pueblo en lucha*, México, Consejo de Pueblos Nahuas del Alto Balsas, Guerrero, Consejo Guerrerense 500 Años de Resistencia Indígena, 1996.

cas que habrían de afectarles, y mucho menos se les permitió participar en su planeación y ejecución. Desde luego, quedaron al margen de los beneficios que generarían dichas obras. Para rematar, los pueblos desplazados de sus territorios han sufrido el despojo de sus tierras y recursos naturales, así como la destrucción de su cultura y las bases de su cohesión socioétnica.

Muchos pueblos indígenas, especialmente aquellos cuya existencia misma está amenazada por los megaproyectos gubernamentales o privados, han tomado conciencia de la violación a sus derechos y han decidido impulsar reformas constitucionales y legales a efecto de que los mismos sean reconocidos y respetados, especialmente en lo que se refiere a la preservación de sus territorios, recursos naturales, cultura y formas específicas de organización social.[67]

DERECHOS INDÍGENAS

A fines de los años ochenta, el tema de los derechos de los pueblos indígenas –en su sentido amplio, incluyendo las reivindicaciones políticas– se había convertido ya en uno de los temas centrales de los encuentros promovidos por las organizaciones indígenas. La incorporación de los derechos que les correspondían como *pueblos* en las reflexiones y en las luchas del movimiento indígena fue reforzada

[67] Esto lo acordaron las organizaciones participantes en el Primer Encuentro de Población Indígena Desplazada por la Construcción de las Presas. *Declaración de Huites*, ms., 15 de junio de 1996.

por varios hechos: *a*] los desafíos planteados por el modelo neoliberal para la sobrevivencia de los pueblos indígenas; *b*] el debate en torno a la reforma del artículo 4o. de la Constitución Política Mexicana, que reconoce limitados derechos a los pueblos indígenas; *c*] la serie de encuentros nacionales e internacionales promovidos por los pueblos indígenas de diversos países de América Latina para convertir la conmemoración oficial del Quinto Centenario del "Descubrimiento de América", en un proceso de crítica y reflexión, y *d*] la difusión de los primeros instrumentos o proyectos de las comisiones internacionales sobre derechos de los pueblos indígenas.

Los efectos de la política neoliberal y de la internacionalización de la economía mexicana –impulsadas por el gobierno de Carlos Salinas de Gortari– llevaron a muchas organizaciones indígenas a examinar las consecuencias de esa política en sus sistemas de vida. En numerosos encuentros indígenas (foros, asambleas, talleres, etc.) se advierte sobre el carácter excluyente del proyecto "modernizador" en curso. Se resiente que el sentido de este proyecto lo está decidiendo un pequeño grupo de personas, sin tomar en cuenta los intereses y las necesidades de los pueblos indios y de otros sectores de la población mexicana; que esto se debe a la falta de democracia y a la carencia de poder político de los excluidos, y que los efectos producidos por este proyecto son muy negativos en el presente y para el futuro de los pueblos indios. Así, pues, el concepto de exclusión adquiere una connotación no sólo socioeconómica, sino también moral, ética y política.

Estas reflexiones llevan a las organizaciones indígenas a pensar en los derechos que tienen como pueblos para decidir sobre su propio destino, así como en la capacidad de ejercer su autodeterminación y autonomía. En el *Primer Foro Internacional sobre los Derechos Humanos de los Pueblos Indios*, realizado en Matías Romero, Oaxaca, en octubre de 1989, los indígenas manifestaron que deben disfrutar de los derechos humanos universales, consagrados en los instrumentos jurídicos internacionales y nacionales; que constituyen pueblos y que, como tales, les corresponden ciertos derechos colectivos; que gran parte de sus problemas derivan de su exclusión de la Constitución y de las leyes adoptadas desde el siglo pasado hasta nuestros días, y que tal exclusión ha tenido como consecuencia que los intereses de los pueblos indios sean ignorados y que sus derechos sean violados sistemáticamente por el Estado.[68]

En la declaración de principios del Congreso de Organizaciones Indias de Centroamérica, México y Panamá (COI), de 1990, se indica: "Fundamos nuestro derecho a la autodeterminación en la libertad de los pueblos a construir su propio destino conforme a su historia y aspiraciones presentes de existencia colectiva e igualdad de derechos políticos, económicos y sociales." Asimismo, establecen el derecho de los pueblos indios a la: 1] autonomía y autodeterminación; 2] igualdad de derechos; 3] identidad cultural; 4] tierra y recursos naturales; 5] educación; 6] información y comunicación; 7] participación política; 8] jurisdicción; 9] movilidad y libre tránsito, y 10] autodefensa.[69]

---

[68] Véanse como ejemplo las conclusiones del *Primer Foro Internacional sobre los Derechos Humanos de los Pueblos Indios*, ms., Oaxaca, octubre de 1989.

[69] Véase "Documento. Declaración de principios y objetivos del Congreso de Organizaciones Indias de Centroamérica, México y Panamá", *México Indígena*, núm. 11, México, agosto de 1990, pp. 58-60.

Estas ideas se fueron reforzando con las discusiones motivadas por la Campaña Continental de los 500 Años de Resistencia Indígena y Popular, la cual dio inicio oficialmente en el marco del Encuentro Latinoamericano de Organizaciones Campesino-Indígenas, realizado en Bogotá, del 7 al 12 de octubre de 1989. Para impulsar la campaña se propuso la formación de comités nacionales amplios, que incluyeran a los diversos sectores (indios y no indios) que quisieran participar, bajo el principio del respeto a las diferencias étnicas. Los propósitos de la campaña serían: *a*] Romper el silencio y la indiferencia respecto de la problemática de los pueblos indios, de los negros y de los sectores populares del continente: "Durante cinco siglos otros han hablado por nosotros, hoy queremos hablar con voz propia." *b*] Superar las divisiones, el aislamiento y el enfrentamiento, fomentados por las clases dominantes a lo largo de 500 años, impulsando y fortaleciendo la unidad de los oprimidos de América. *c*] Convertir la Campaña Continental en el "eje articulador de demandas y propuestas del campo popular".[70]

Un año después se efectuó el Primer Encuentro Continental de Pueblos Indios, en Quito (Ecuador), del 17 al 21 de julio de 1990. En el documento final (la "Declaración de Quito"), los representantes in-

---

[70] La idea de convertir el V Centenario de la conquista española en una Campaña de "afianzamiento de la unidad de los oprimidos" surgió en una reunión de coordinación de organizaciones campesino-indígenas de la región andina, efectuada en Quito, en enero de 1989. Ahí se plantearon los objetivos de la Campaña. Véase Osvaldo León, "Movimiento Continental Indígena, Negro y Popular: unidos en la diversidad", *Cuadernos Agrarios*, núms. 8-9, nueva época, México, 1994, p. 142.

dígenas manifestaron: "Que en los actuales estados
nacionales de nuestro continente, las constituciones y las leyes fundamentales son expresiones jurídico políticas que niegan nuestros derechos socioeconómicos, culturales y políticos. De ahí que en
nuestra estrategia general de lucha, consideramos
prioritario exigir las modificaciones de fondo que
permitan el ejercicio pleno de la autodeterminación
a través de gobiernos propios de los pueblos indios
y del control de nuestros territorios." Para ello, señalan: "Es necesaria una transformación integral y
a fondo del Estado y la sociedad nacional; es decir,
la creación de una nueva nación."[71]

Con el mismo carácter reflexivo y propositivo se
realizó en la ciudad guatemalteca de Xelajú (Quet-
zaltenango), en octubre de 1991, el II Encuentro
Continental. En éste se incorporó la problemática
negra.[72] En octubre de 1992 se efectuó el tercer encuentro en Managua (Nicaragua), donde se acordó
convertir la Campaña 500 Años en el Movimiento
Continental Indígena, Negro y Popular. Entre los
objetivos de este movimiento se propuso: "Seguir
luchando por el reconocimiento de la autonomía y
autodeterminación de las naciones y los pueblos indígenas, y el carácter multinacional y pluricultural
de nuestros estados y naciones"; luchar "por la ple-

[71] Cf. Primer Encuentro Continental de Pueblos Indios "Declaración de Quito", en *Servicio Mensual de Información y Do-
cumⁿntación*, separata núm. 130, ALAI, Quito, agosto de 1990.

[72] Los temas discutidos en este encuentro fueron: 1] Colonialismo, neocolonialismo y autodeterminación, 2] Democracia,
3] Tierra y vida, 4] Derechos Humanos, Derechos indígenas, 5]
Mujeres, 6] Juventud, y 7] Propuestas para el accionar político. Véase II Encuentro Continental: Campaña 500 Años de Resistencia Indígena, Negra y Popular, "Declaración de Xelajú",
Servicio Mensual de Información y Documentación, Servicio
Especial, ALAI, Quito, 18 de octubre de 1991.

na democratización de nuestras sociedades con garantía de la pluralidad étnica y cultural", así como "Implementar propuestas alternativas a la política neoliberal, que garanticen la equidad social y preserven el equilibrio ambiental".[73]

En México, las organizaciones indígenas y populares que participaron en tales encuentros promovieron la creación del Consejo Mexicano 500 Años de Resistencia. Como parte de éste, se formaron consejos estatales, como el Consejo Guerrerense 500 Años de Resistencia Indígena, Negra y Popular, el Consejo Maya-Peninsular 500 Años y el Consejo Mexicano-500 Años de Puebla. Estos consejos cumplirían un papel relevante en la lucha por el reconocimiento constitucional del derecho a la autodeterminación y autonomía de los pueblos indios. También serían, junto con otras organizaciones indígenas, los principales impugnadores de la reforma del artículo 4o. constitucional (impulsada por el Ejecutivo federal), señalando sus insuficiencias. Las críticas principales fueron: a] sólo incluye ciertos derechos culturales de los pueblos indios e ignora los derechos económicos, sociales y políticos; b] aunque reconoce el carácter pluriétnico de la nación mexicana, no propone cambios de fondo que modifiquen la relación de tutelaje del Estado y la sociedad nacional sobre los pueblos indios.[74]

El Partido de la Revolución Democrática había presentado en la Cámara de Diputados, en el mes de diciembre de 1990 –poco después de que el Ejecutivo enviara su iniciativa de reforma al 4o. cons-

---

[73] Cf. Osvaldo León, "Movimiento Continental Indígena, Negro y Popular: unidos en la diversidad", *op. cit.*, p. 146.

[74] Véase Margarito Ruiz Hernández, "De indios y reformas en la Cámara de Diputados", *México Indígena*, núm. 20, México, mayo de 1991, pp. 14-18.

titucional–, una propuesta de iniciativa de reformas y adiciones a los artículos 53, 73 y 115 de la Constitución general. Los fines principales eran la creación de las *Regiones pluriétnicas* y establecer una circunscripción de diputados plurinominales que representarían a las regiones pluriétnicas ante el Congreso de la Unión y los congresos estatales.[75] Esta propuesta había sido aprobada en el I Encuentro Nacional del PRD de Pueblos Indios, celebrado en la comunidad de Tampaxal, San Luis Potosí, los días 28 y 29 de julio de 1990.

Desde 1988, el Frente Independiente de Pueblos Indios (FIPI), había establecido en su documento constitutivo la necesidad de que el Estado mexicano reconociera el *derecho a la autonomía étnica regional*.[76] Sin embargo, en aquel momento, el desarrollo programático de ésta y de otras organizaciones indígenas no era compartido por la mayoría de las organizaciones. Lo característico entonces era la heterogeneidad de experiencias políticas regionales y locales, con sus respectivos reclamos particulares, y la ausencia de un movimiento indígena nacional

---

[75] Véase "Iniciativa de reformas y adiciones a los artículos 53, 73 y 115 constitucionales", presentada por el diputado Margarito Ruiz Hernández, *Diario de los Debates de la Cámara de Diputados del Congreso de los Estados Unidos Mexicanos*, Año III, núm. 21, LIV Legislatura, México, jueves 20 de diciembre de 1990, pp. 14-16.

[76] "Los pueblos indios tenemos el derecho a la autonomía étnica regional para elegir y organizar nuestra vida social con nuestras formas de gobierno y autodefensa. A ejercer autoridad y jurisdicción sobre nuestros territorios étnicos. A ordenar nuestras sociedades sobre la base de nuestras tradiciones o leyes internas en las instancias legislativas, judiciales y administrativas que garanticen una justa e igualitaria relación entre los grupos étnicos que interactúan en las regiones étnicas." Cf. FIPI, *Un proyecto alternativo para la liberación de los pueblos indios de México*, ms., México, 1988.

que englobara en un programa común los aspectos nacionales y regionales. Aunque la demanda de autonomía comenzaba a adquirir cierta centralidad, cada organización, comunidad o pueblo indígena usaba términos distintos para referirse a ella (autogobierno, autodeterminación, poder político, etc.); tampoco existía una unidad de criterio para su establecimiento en México. Además, en la mayoría de los casos la autonomía se planteaba en el marco de la actual organización político-territorial del país, salvo el FIPI y el Partido de la Revolución Democrática, que proponían el establecimiento de la "autonomía regional" como un nuevo ente territorial de la federación.[77]

Un gran número de pueblos indios planteaba la necesidad de reajustar la delimitación municipal y de crear nuevos municipios que abarcaran a las distintas comunidades y pueblos de una misma etnia. Esto es, se trataba de instituir municipios monoétnicos para que funcionaran "como un elemento de fuerza".[78] Por ejemplo, los gobernadores huicholes demandaban la agrupación de sus comunidades y pueblos en un municipio, y proponían la creación del municipio 125 del estado de Jalisco.[79] Los indígenas tlapanecos de Acatepec, en la región de la Montaña de Guerrero, decidieron en 1989 independizarse de la cabecera municipal y solicitaron al Congreso local su constitución como el municipio 76 del estado de Guerrero. "De hecho piden el reconocimiento formal de la unidad política y administra-

---

[77] Cf. PRD, *Declaración de Principios y Programa de la Revolución Democrática*, México, Comité Ejecutivo Nacional, 1990.

[78] Cf., "Indispensables municipios nuevos", *Ojarasca*, núms. 14-15, México, enero de 1993, pp. 29-30.

[79] Ídem.

tiva que ya son", así como "el reconocimiento a su derecho a regirse con las formas de gobierno correspondientes a su interés y cultura".[80] Con propósitos semejantes, los yaquis enviaron una carta al entonces presidente Salinas de Gortari, en la que manifestaban que "no quieren seguir dependiendo políticamente" del municipio de Guaymas, y reclamaban que "en las tierras donde están asentados nuestros poblados, nuestras autoridades tradicionales tengan el poder político necesario para que el gobierno municipal esté integrado por yaquis y para yaquis".[81]

En otros casos, los indígenas reclamaban modificaciones al municipio para incluir asuntos de su interés. Por ejemplo, los indígenas de Xi'Nich solicitaban (en 1992) que sus "comunidades sean quienes elijan a las personas de su confianza para ocupar" el cargo de abogado en el juzgado municipal y que "sean presentadas por el presidente municipal de Palenque al tribunal competente para su conocimiento legal". Asimismo, pedían "que los agentes rurales municipales sean elegidos por las mismas comunidades y presentados al C. presidente municipal respectivo para su conocimiento oficial". También reclamaban el cumplimiento de su derecho de contar con intérpretes de sus lenguas "en todos los actos que tengan lugar ante la Agencia del Ministerio Público de Palenque, Catajazá y Ocosingo".[82]

---

[80] Cf. Martín Equihua (corresponsal), "Montaña de Guerrero. Un clásico conflicto agrario", en *Ojarasca*, núm. 8, México, mayo de 1992, p. 15.

[81] Véase "Los yaquis también hacen patria", en *Ojarasca*, núms. 20-21, México, mayo-junio de 1993, p. 24.

[82] En particular, solicitaban "el nombramiento de tres intérpretes: chol, tzeltal y zoque", elegidos por las comunidades, "que laboren en el Ministerio Público de Palenque y a quienes

Los indígenas mazatecos de Huautla de Jiménez, Oaxaca, reclamaron cambios al ordenamiento constitucional estatal y federal, tendientes "a otorgar mayores facultades al municipio y a disminuir las otorgadas por las leyes locales a las legislaturas de los estados que coartan la vida municipal". Se propuso: a] "La incorporación al artículo 115 de la Constitución General de la República [de] la figura del *Municipio Indígena*, declarando su régimen autonómico en materia electoral, legislativa, judicial, económica, administrativa, etc. Teniendo como a tales, aquellos municipios que de acuerdo con la historia, geografía y la constitución social y cultural de sus poblaciones, pertenezcan a alguno o a varios de los pueblos indios nacionales, otorgando garantías además de las consagradas, al libre ejercicio de sus usos y costumbres jurídicos en el marco de la organización del ayuntamiento y la administración municipal." b] Que la Constitución Política del Estado de Oaxaca "defina la personalidad jurídica de las autoridades tradicionales con jurisdicción competencial en los municipios indígenas del estado, otorgándole capacidad jurídica para intervenir en el diseño y organización de los ayuntamientos de acuerdo con el régimen de usos y costumbres jurídicos vigente".[83]

les paguen sus salarios correspondientes". Cf. "Xi'Nich rumbo a México", en *Ojarasca*, núm. 7, México, abril de 1992, pp. 30-31.

[83] También proponen cambios a la Ley Orgánica Municipal del estado de Oaxaca, con el objeto de que se "incorpore como norma el sistema de cargos al régimen municipal..." Estas propuestas se hicieron a raíz del "conflicto electoral ocurrido en el último periodo trienal (1992-1995)". Cf. *El fuero municipal mazateco. Legalidad y costumbre en la construcción del municipio huauteco*, Grupo de Apoyo a Pueblos Indios, A.C., Consejo de Ancianos de Huautla de Jiménez, Oaxaca, ms., s.f.

Algunos grupos indígenas, como la comunidad Yalalag de la región zapoteca de la sierra en Oaxaca, reivindican el derecho a la *autodeterminación comunitaria*. Para ellos, señala un dirigente, la autodeterminación comunitaria "significa el respeto irrestricto a las leyes tradicionales zapotecas que rigen el gobierno comunitario, el tequio y el gobierno municipal, que son las instituciones básicas, para que una población tenga el carácter de comunidad indígena". Y agrega: "La cuestión central de la lucha por la autodeterminación es el poder político. Porque una vez que el poder esté en manos de las comunidades se podrá planificar de una manera más tranquila y precisa de acuerdo con las necesidades básicas de las comunidades, para defender los recursos naturales, fortalecer la defensa de las leyes tradicionales, mejorar la educación y la salud..."[84]

En agosto de 1993, el Consejo Maya Peninsular planteaba fortalecer la Organización de los Centros Ceremoniales Mayas Macehuales y promover su "reconocimiento como gobierno autónomo". Asimismo, elaboró un proyecto de desarrollo regional integral del pueblo "maya macehual" de Quintana Roo y Yucatán, cuyos propósitos son buscar "la delimitación y el reconocimiento del territorio maya macehual" y la revitalización del modelo maya de manejo ecológico de los recursos naturales de la selva húmeda, a fin de proteger la biodiversidad.[85]

---

[84] Entrevista con Joel Aquino Maldonado, "La autodeterminación yalalteca", *México Indígena*, núm. 8, México, mayo de 1990, p. 19.

[85] En el Consejo participan diversas organizaciones, como "los Centros Ceremoniales Maya-católicos de Tixcacal Guardia, Chumpón, Tulum y Chan Ka; el Centro Quintanarroense de Desarrollo; la Unión de Comunidades Mayas del Centro de

Lo interesante de todos estos reclamos y planteamientos radica en que los pueblos indios comienzan a percibir que necesitan poder político, y que sin éste no tienen posibilidad de defender sus intereses y su cultura. También comprenden que requieren de libertad para decidir sobre su futuro como pueblos. Así, la autonomía se va vinculando con el imperativo de conquistar poder político, con el reclamo de justicia y con la necesidad de libertades para decidir sobre su propio destino.

Igualmente, resulta relevante el que los pueblos indios adquieren conciencia de que una verdadera solución a sus problemas requiere del establecimiento de una nueva relación entre los pueblos indios y el Estado mexicano; lo que, a su vez, supone la construcción de un Estado democrático, descentralizado y pluriétnico.

LOS DERECHOS INDÍGENAS EN LOS ORGANISMOS INTERNACIONALES

A partir de los años setenta, en algunos órganos de las Naciones Unidas se ha venido impulsando el estudio de los problemas relativos a los derechos humanos y libertades fundamentales de los pueblos indígenas, con el objeto de informar a la opinión mundial sobre la realidad de estos grupos socioculturales y formular recomendaciones y propuestas sobre las medidas que deben adoptarse. No es casual que dichos trabajos se iniciaran a principios

Quintana Roo –trece comunidades–; la Sociedad Civil Forestal; los Círculos Comunitarios de Cultura y el Comité Maya Lu'um de Nicolás Bravo". Cf. Rosa Rojas, *Chiapas: la paz violenta, op. cit.*, pp. 251-252.

de aquel decenio, ya que es cuando el movimiento
indígena en diversas partes del mundo comienza a
manifestarse con organizaciones propias y reclamos específicos.

En diversos foros y comités internacionales se ha
llegado a reconocer que los derechos y libertades
fundamentales enunciados en los Pactos Internacionales hacen referencia a derechos socioeconómicos, políticos y culturales de los *individuos* en
tanto miembros de las sociedades, y que los problemas que surgen por las diferencias de origen étnico y nacional, de raza y religión, entre otros, demandan normas y medidas especiales para asegurar los
derechos *colectivos* de los grupos afectados, además
de los derechos individuales. Cada vez es más claro, pues, que la vía más adecuada para eliminar las
desigualdades entre grupos étnicos o raciales es
reconociéndoles derechos específicos.

Entre los órganos, instrumentos y estudios concretos, auspiciados por la Organización de las Naciones Unidas, sobre los derechos humanos y las libertades fundamentales que atañen a los pueblos
indígenas en diversas partes del mundo, se hallan:

1] El *Comité de Derechos Humanos*, creado en
virtud del artículo 28 del Pacto Internacional de Derechos Civiles y Políticos, que tiene como mandato
presentar un informe anual a la Asamblea General
de la ONU sobre la situación de los derechos en los
Estados Partes. Este Comité, como señala Willemsen, crecientemente "se ha venido ocupando de los
pueblos indígenas que habitan en los territorios de
los países que son Estados Partes del Pacto".[86]

---

[86] Augusto Willemsen Díaz, "Algunos aspectos de las medidas tomadas y actividades realizadas por las Naciones Unidas
en materia de derechos humanos y libertades fundamentales,
y su relación con los pueblos indígenas", en *Anuario Indi-*

2] La *Convención Internacional sobre la Eliminación de Todas las Formas de Discriminación Racial*, merced a la cual se constituyó el "Comité para la Eliminación de la Discriminación Racial", que se ocupa de la aplicación de lo ratificado en la Convención y que afecta a los pueblos indígenas. En dicha convención, la ONU condena el colonialismo y todas las prácticas de segregación y discriminación, considerando necesario que los Estados Partes tomen las medidas necesarias para eliminar rápidamente la discriminación racial en todas sus formas y manifestaciones. La Convención entiende por discriminación racial "toda distinción, exclusión, restricción o preferencia basada en motivos de raza, color, linaje u origen nacional o étnico que tenga por objeto o por resultado anular o menoscabar el reconocimiento, goce o ejercicio, en condiciones de igualdad, de los derechos humanos y libertades fundamentales en las esferas política, económica, social y cultural o en cualquier otra esfera de la vida pública".[87]

3] El *Consejo Económico y Social* de la ONU, por su parte, constituyó en 1946 la *Comisión de Derechos Humanos*, con la facultad de crear subcomisiones de protección de minorías y de prevención de discriminación. En 1947, la Comisión, a su vez, instituyó la *Subcomisión de Prevención de Discriminación y Protección a las Minorías*. Hasta principios de los años setenta la Comisión y la Subcomisión no

genista, Instituto Indigenista Interamericano, vol. XLV, México, 1985, pp. 87-88.

[87] Esta Convención Internacional fue adoptada por la Asamblea General de la ONU en 1965 y puesta en vigor en 1969. Cf. *Manual de Documentos para la Defensa de los Derechos Indígenas*, México, Academia Mexicana de Derechos Humanos, 1989, pp. 67-81.

se ocuparon de los problemas específicos que afectaban a los pueblos indígenas. Fue apenas el 21 de mayo de 1971 cuando el Consejo Económico y Social autorizó a la subcomisión para que llevara a cabo "un estudio general y completo del problema de la discriminación contra las poblaciones indígenas" y sugiriera "las medidas nacionales e internacionales necesarias para eliminar dicha discriminación".

El informe final de dicho estudio, concluido en 1983 por el relator especial, que contiene las conclusiones, propuestas y recomendaciones, conocido como *Estudio del Problema de la Discriminación contra las Poblaciones Indígenas*, plantea varios problemas entre los pueblos indígenas y el Estado, así como los derechos indígenas que deben tomarse en cuenta:

Al respecto, el relator señala: "Es evidente que, cualesquiera que sean las declaraciones o las disposiciones en favor del respeto de los tradicionales valores y patrones socioculturales indígenas en muchos Estados [...], el hecho es que las políticas realmente en vigor han sido las de la asimilación y la integración y no las del respeto y la protección de los valores sociales y culturales indígenas."[88] Por lo tanto, plantea que cualquier política que se adopte con respecto a las poblaciones indígenas debe partir del principio de la "aceptación de su derecho a ser, y a ser consideradas diferentes del resto de la población. Ese principio ha sido consagrado en la

[88] Véase el "Informe Final" (última parte) que presenta el relator especial, José R. Martínez Cobo, *Estudio del Problema de la Discriminación contra las Poblaciones Indígenas*, Naciones Unidas, Consejo Económico y Social, Comisión de Derechos Humanos, Subcomisión de Prevención de Discriminación y Protección a las Minorías, E/CN.4/Sub.2/1983/21/Add.i, 10 de junio de 1983, pp. 13-14.

Declaración sobre raza y los prejuicios raciales, aprobada por la Conferencia General de la UNESCO en su 20a. reunión, de 1978."[89]

Ahora bien, el relator especial propone una definición de poblaciones indígenas para efectos de las medidas internacionales que se adopten en el futuro,[90] y establece un conjunto de derechos de los pueblos indígenas. En suma, éstos tienen "derecho a seguir existiendo, a defender sus tierras, a mantener y transmitir su cultura, su idioma, sus instituciones y sistemas sociales y jurídicos y su estilo de vida, que han sido ilegal y abusivamente atacados". El relator sugiere a los estados con poblaciones indígenas una serie de medidas para que estos derechos, que expresan las aspiraciones y deseos de las poblaciones indígenas, se hagan efectivos. A continuación indicamos de manera sucinta las propuestas del relator:[91]

a] "Pluralismo, autogestión, autogobierno, autonomía y autodeterminación dentro de una política de etnodesarrollo como la define la Declaración de San José [...]."

---

[89] *Ibid.*, p. 3.

[90] Su definición es la siguiente: "Son comunidades, pueblos y naciones indígenas los que, teniendo una continuidad histórica con las sociedades anteriores a la invasión y [las] precoloniales que se desarrollaron en sus territorios, se consideran distintos de otros sectores de las sociedades que ahora prevalecen en esos territorios o en partes de ellos. Constituyen ahora sectores no dominantes de la sociedad y tienen la determinación de preservar, desarrollar y trasmitir a futuras generaciones sus territorios ancestrales y su identidad étnica como base de su existencia continuada como pueblo, de acuerdo con sus propios patrones culturales, sus instituciones sociales y sus sistemas legales." *Ibid.*, p. 113. Esta definición sirvió de base para la adoptada en el Convenio 169 de la OIT.

[91] *Ibid.*, pp. 111-117.

b] "Se deben abandonar y discontinuar las políticas orientadas deliberadamente a 'desindigenizar' al indígena, como formas integrales de opresión cultural que deben rechazarse *in toto* [...]."

c] Se sugiere que los sistemas educativos que se impartan a las poblaciones indígenas estén al servicio de sus intereses y necesidades: educación bilingüe, reconocimiento jurídico de las lenguas indígenas y su uso en los procesos.

d] Reconocer la autonomía para los fines de la organización y desarrollo económico de las poblaciones indígenas.

e] Respetar el libre desarrollo de los propios patrones culturales de las poblaciones indígenas.

f] Respetar los órdenes jurídicos indígenas y admitir la existencia de un pluralismo jurídico.

Las propuestas del relator especial, influido por los planteamientos "etnodesarrollistas" y la Declaración de San José de 1981, constituyen un avance en materia de reconocimiento de derechos indígenas. Sin embargo, no se advierte una definición clara de lo que se entiende por autonomía ni se establecen los mecanismos que permitirían que los derechos indios que se mencionan quedasen garantizados; tampoco se señalan los instrumentos institucionales que darían base a la autonomía y, al mismo tiempo, darían garantías a los pueblos frente a las acciones arbitrarias de los gobiernos. Esto es, aunque las propuestas del relator toman en cuenta las demandas de las organizaciones indígenas más avanzadas, aquéllas son expuestas de manera ambigua, con lo que se evita formular recomendaciones a los estados que supondrían la realización de transformaciones sustanciales. De este modo, se deja en manos del Estado la responsabilidad de adoptar políticas que hagan menos conflictiva su relación con los pueblos indios, sin que medien transformaciones políticas, económicas y socioculturales de fondo, en cuya definición y aplicación deben participar los propios pueblos.

4] El Consejo Económico y Social, tomando en cuenta las sugerencias de diversos comités –en su resolución 1982/34, del 7 de mayo de 1982– autorizó a la Subcomisión de Prevención de Discriminación y Protección a las Minorías a establecer un *Grupo de Trabajo sobre Poblaciones Indígenas* que, de acuerdo con dicha resolución, se reuniría durante cinco días laborables, antes de los periodos anuales de sesiones de la Subcomisión, con los siguientes fines:

a] Examinar los acontecimientos relativos a la promoción y protección de los derechos humanos y libertades fundamentales de las poblaciones indígenas, incluida la información solicitada por el Secretario General anualmente a los gobiernos, organismos especializados, organizaciones intergubernamentales y organizaciones no gubernamentales reconocidas como entidades consultivas, particularmente las de poblaciones indígenas; analizar esos materiales, y presentar sus conclusiones a la Subcomisión, teniendo presente el informe del Relator Especial de la Subcomisión.

b] Prestar atención especial a la elaboración de normas relativas a los derechos de las poblaciones indígenas, teniendo en cuenta tanto las semejanzas como las diferencias en lo que respecta a la situación y a las aspiraciones de las poblaciones indígenas de todo el mundo.[92]

El Grupo de Trabajo inició sus sesiones desde 1982. Anualmente se reúne en Ginebra, Suiza, con la participación de diversas organizaciones indias,

[92] Augusto Willemsen Díaz, *op. cit.*, p. 99 y apéndice v.

organismos no gubernamentales y otras entidades interesadas. En el informe sobre su cuarto periodo de sesiones, de agosto de 1985, el Grupo presentó una declaración de siete principios, para ser discutida en sus sesiones posteriores. En la sesión anual de agosto de 1988, la relatora especial del Grupo de Trabajo, Erica Irena A. Daes, presentó un documento titulado *Declaración Universal sobre los Derechos Indígenas: conjunto de principios y párrafos del preámbulo*, como propuesta para su revisión y discusión, a fin de que en un periodo determinado sea presentado y discutido en la Asamblea General de la ONU.[93]

En México, como en otros países, diversas organizaciones indígenas promovieron la celebración de talleres y sesiones públicas en torno a los Derechos Indígenas en Naciones Unidas.[94]

En 1992, el grupo de trabajo mencionado presentó un proyecto de *Declaración Universal sobre Derechos de los Pueblos Indígenas*, en el que se advierten modificaciones sustanciales con respecto al documento de 1988. En términos generales se mantienen los derechos de los pueblos indígenas ante-

[93] Véase el texto completo de esta declaración en *Manual de Documentos para la Defensa de los Derechos Indígenas, op. cit.*, pp. 119-124.

[94] Como resultado de dichos encuentros, se elaboró una propuesta de Declaración Universal sobre los Derechos Indígenas que incluía derechos fundamentales que no habían sido contemplados en el documento de la Relatora de la ONU: v. gr., ser reconocidos como pueblos, el derecho al territorio y al "control de los recursos naturales, renovables y no renovables, existentes en los territorios que han ocupado tradicionalmente". Cf. Asamblea de Autoridades Mixes (Asam), "Propuesta de Declaración Universal sobre los Derechos Indígenas", en *Boletín de Antropología Americana*, Instituto Panamericano de Geografía e Historia, núm. 19, México, julio de 1989, pp. 187-190.

riormente postulados y se incorporan otros derechos básicos.[95] Por ejemplo, se incluye la condición de *pueblo* de los indígenas, su derecho a la autodeterminación y a decidir la estructura de sus instituciones autonómicas; el derecho al reconocimiento, control, uso y posesión de sus territorios; el derecho a participar en todos los niveles del gobierno, y a intervenir "en la elaboración de leyes y medidas administrativas que les afecten directamente".[96]

En 1994, el grupo de trabajo aprobó una nueva versión del proyecto de Declaración Universal, que contiene cambios y omisiones importantes con respecto al de 1992. Tan sólo analizaremos la cuestión relacionada con la autonomía, por ser el derecho que engloba las reivindicaciones centrales de los pueblos indígenas. Aunque se mantiene el reconocimiento de la condición de *pueblos* de los indígenas y su derecho a la libre determinación, en el artículo 31 se agrega que "como forma concreta de ejercer su derecho de libre determinación, tienen derecho a la autonomía o autogobierno en cuestiones relacionadas con sus asuntos internos y locales". Habría que analizar bien este punto, ya que al parecer se presenta a la autonomía como si fuera lo mismo que autogobierno, o como si la primera se redujera al segundo. El autogobierno es un componente, entre otros, de la autonomía; pero aquél no engloba el conjunto del sistema autonómico. Se corre el riesgo entonces de que se diluya el derecho a la autono-

[95] Cf. "Declaración Universal sobre los Derechos de los Pueblos Indígenas", *Revista Foro*, año 1, núm. 4, Guatemala, 1993.

[96] Para más detalles, cf. Consuelo Sánchez, "Las demandas indígenas en América Latina y el derecho internacional", en *Boletín de Antropología Americana*, Instituto Panamericano de Geografía e Historia, núm. 26, México, diciembre de 1992.

mía y la obligación de los estados de establecer el régimen autonómico: que se instituyan entidades político-territoriales en los estados nacionales. En el proyecto mencionado, sólo se indica el derecho de los pueblos indios "a determinar las estructuras y a elegir la composición de sus instituciones de conformidad con sus propios procedimientos", que más bien parece referirse a los elementos del sistema sociopolítico tradicional.

5] La Organización Internacional del Trabajo (OIT), que es otro de los organismos especializados de la ONU, hizo una revisión del Convenio 107 sobre las Poblaciones Indígenas y Tribales. El nuevo convenio se aprobó en la Conferencia General de la OIT celebrada en junio de 1989. El texto resultante, Convenio 169, puede citarse también como el *Convenio sobre pueblos indígenas y tribales*.[97] Este Convenio establece un conjunto de derechos de los pueblos indígenas. Consta de diez partes: 1] Política general. 2] Tierras. 3] Contratación y condiciones de empleo. 4] Formación profesional, artesanías e industrias rurales. 5] Seguridad social y salud. 6] Educación y medios de comunicación. 7] Contactos y cooperación a través de las fronteras. 8] Administración. 9] Disposiciones generales. 10] Disposiciones finales.

---

[97] En 1957 la Organización Internacional del Trabajo adoptó el Convenio 107 y la Recomendación 104 sobre poblaciones indígenas y tribales en países independientes. Este Convenio fue revisado para adecuarlo a los cambios en el derecho internacional y a la situación de los pueblos indígenas en todas las regiones del mundo. Así, se adoptó una nueva versión (*Convenio 169*) en la Conferencia General en 1989. Para la consulta de este texto, cf. *América Indígena*, vol. LVI, núms. 3-4, julio-diciembre de 1996, pp. 37-56.

A continuación presentaremos el contenido general de la parte que se refiere al tema de tierras, ya que en él se indican los derechos sobre territorio y recursos naturales. Además, es una de las partes más importantes de este convenio.

a] Los "gobiernos deberán respetar la importancia especial que para las culturas y valores espirituales de los pueblos interesados reviste su relación con las tierras o territorios o con ambos"; reconocer y garantizar a los pueblos interesados "el derecho de propiedad y de posesión sobre las tierras que tradicionalmente ocupan", y tomar medidas para salvaguardar el derecho de los pueblos a utilizar las tierras "a las que hayan tenido tradicionalmente acceso para sus actividades tradicionales y de subsistencia".

b] Los pueblos indígenas tienen derecho "a participar en la utilización, administración y conservación" de los recursos naturales existentes en sus tierras y territorios.

c] "En caso de que pertenezca al Estado la propiedad de los minerales o de los recursos del subsuelo, o tenga derecho sobre otros recursos existentes en las tierras, los gobiernos deberán" consultar con los pueblos interesados, "a fin de determinar si los intereses de esos pueblos serían perjudicados, y en qué medida, antes de emprender o autorizar cualquier programa de prospección o explotación de los recursos existentes en sus tierras" y territorios.[98] "Los pueblos interesados –agrega el documento– deberán participar siempre que sea posible en los beneficios que reporten tales actividades, y percibir una indemnización

---

[98] En el Convenio se establece que en este punto, como en el anterior, debe incluirse el concepto de territorios.

equitativa por cualquier daño que puedan sufrir como resultado de esa actividad."

d] Los pueblos interesados "no deberán ser trasladados de las tierras que ocupan". Cuando excepcionalmente se considere necesario hacer tales desplazamientos, "sólo deberán efectuarse con su consentimiento, dado libremente y con conocimiento de causa". Los pueblos que por razón de traslado y reubicación no pudieran retornar a sus tierras, "deberán recibir, en todos los casos posibles, tierras cuya calidad y cuyo estatuto jurídico sean por lo menos iguales a los de las tierras que ocupaban anteriormente, y que les permitan subvenir a sus necesidades y garantizar su desarrollo futuro".

e] "Deberá impedirse que personas extrañas a esos pueblos puedan aprovecharse" de sus costumbres o de su desconocimiento de las leyes "para arrogarse la propiedad, la posesión o el uso de tierras pertenecientes a ellos".

f] "Los programas agrarios nacionales deberán garantizar a los pueblos interesados condiciones equivalentes a las que disfruten otros sectores de la población": 1] la asignación de tierras adicionales, y 2] otorgar los medios necesarios para el desarrollo de las tierras que dichos pueblos poseen.

Si bien el Convenio 169 constituye un gran avance del sistema jurídico internacional en materia de derechos indígenas, todavía se advierten algunas carencias. Ante todo, hay un adelanto en la denominación de *pueblos* en lugar de "poblaciones". Sin embargo, se limitan seriamente los derechos *políticos* de los pueblos indígenas. A este respecto, en el artículo 1.3, se señala que la "utilización del término 'pueblos' en este Convenio no deberá interpretarse en el sentido de que tenga implicación alguna en lo que atañe a los derechos que pueda conferirse a dicho término en el derecho internacional". Al hacer esta acotación –incluida por presiones de los representantes de gobiernos y de empleadores– prácticamente se está privando a los pueblos indígenas del derecho a la libre determinación.

También hay un progreso en el reconocimiento de los derechos de los pueblos indígenas a sus territorios. No obstante, el concepto de territorio es muy restrictivo, pues el Convenio especifica que se refiere a "lo que cubre la totalidad del hábitat de las regiones que los pueblos interesados ocupan o utilizan de alguna u otra manera". Esto es, se soslayan aspectos básicos del derecho a la territorialidad: el contenido de jurisdicción y de gobierno en dichos territorios indios.

Los derechos de los pueblos indios sobre los recursos naturales también constituyen un gran adelanto, pero se mantiene un perspectiva estatista y la visión desarticuladora de los estados sobre los recursos naturales. Es decir, se da preeminencia a los Estados nacionales sobre determinados recursos naturales y su capacidad de explotarlos. Por otra parte, las medidas de protección propuestas por el Convenio son aún muy frágiles, dejando abierta la posibilidad de que el Estado prive a los pueblos indígenas de sus tierras y territorios.

Ha sido de gran importancia el interés que ha mostrado la comunidad internacional en cuanto a identificar y definir a los pueblos, comunidades, poblaciones o naciones indias, ya que ello facilitará ir codificando sus derechos.

Sin embargo, la discusión sobre los derechos indígenas debe partir del claro reconocimiento de su condición de *pueblos*. Ésta es una de las demandas centrales de numerosas organizaciones indias de América Latina, ya que involucra el derecho a la *autodeterminación*. El que los indígenas estén demandando ser reconocidos como pueblos no es una construcción artificial o manipulada; está fundada en sus derechos históricos y políticos. En los informes y declaraciones internacionales que hemos mencionado se reconoce el carácter histórico de los pueblos indios y los derechos que les corresponden como tales, aunque se tiende a esquivar el fundamental aspecto político de la cuestión.

Aunque en diversos organismos internacionales se ha aceptado que los indígenas tienen derechos históricos como colectividades diferenciadas del resto de la población nacional, además de los derechos y libertades individuales aceptados como universales, aún no se ha hecho explícito el reconocimiento de sus derechos *en tanto pueblos*. Es de extraordinaria importancia para los indígenas, y para toda persona comprometida con sus justas demandas y luchas, que se les reconozca formalmente su cualidad de pueblos, "dado que la categoría de *pueblo* involucra connotaciones que tienen trascendentales consecuencias políticas, jurídicas, etc., las que al parecer quieren evitarse".[99] En efecto, el artículo 1.1 de los dos pactos internacionales establece que todos los *pueblos* (y no se indica ninguna excepción a este principio) tienen *el derecho de libre determinación*. Y agrega: "En virtud de este derecho establecen libremente su condición política y proveen asimismo a su desarrollo económico, social y cultural."[100]

[99] Héctor Díaz-Polanco, "Los pueblos indios y la Constitución", en *México Indígena*, núm. 15, INI-CICC, México, diciembre de 1990, pp. 11-12.
[100] Véanse "Pacto Internacional de Derechos Civiles y Políticos" y "Pacto Internacional de Derechos Económicos, Sociales y Culturales", en *Manual de Documentos...*, *op. cit.*

De acuerdo con este derecho de *todos* los pueblos a la libre determinación (también llamado derecho de *autodeterminación*), pueden los grupos interesados decidir la condición política que mejor satisfaga sus aspiraciones históricas y les favorezca el pleno desarrollo de su vida sociocultural. Haciendo legítimamente suyo este derecho, numerosas organizaciones indígenas del continente reclaman, como condición necesaria para la solución de sus problemas, ejercer su derecho a la autodeterminación mediante un *régimen de autonomía* en el marco de los estados nacionales donde se encuentran insertos.

Es verdad que en la comunidad internacional hay cada vez más comprensión de que los pueblos indios requieren de autonomía para que puedan asumir las decisiones y el control sobre sus propios asuntos. Sin embargo, todavía no parece haber plena claridad sobre lo que se entiende por autonomía. Por ejemplo, en el citado Estudio del Problema de la Discriminación contra las Poblaciones Indígenas se menciona autodeterminación, autonomía, autogestión o autogobierno como si se tratara, según el caso, de opciones diferentes o de categorías iguales; asimismo, el acta final del X Congreso Indigenista Interamericano recomienda a los estados miembros que "se adopten como objetivos fundamentales de las políticas nacionales, principios de autodeterminación o autogestión de los pueblos indios".[101] Esta ambigüedad o ambivalencia podría atribuirse a la confusión que todavía reina sobre el tema en los

[101] Cf. "Acta Final del X Congreso Indigenista Interamericano. San Martín de los Andes, Neuquén, Argentina, del 2 al 6 de octubre de 1989", en *Anuario Indigenista*, vol. XLIX, México, Instituto Indigenista Interamericano, 1989, p. 33.

foros internacionales e incluso en algunos círculos de especialistas y académicos.

Si se llega a admitir en diversas asambleas internacionales que los indígenas tienen derecho a la autonomía, ello supondría reconocerlos como pueblos. Sería ejerciendo su derecho a la autodeterminación como los pueblos indios podrían acceder a la autonomía. En otros términos, ¿cómo podrán decidirse por la autonomía si no es ejerciendo plenamente su libre determinación? Un régimen autonómico que derivara de otra fuente que no fuera la autodeterminación de los pueblos indios sería cualquier cosa, menos autonomía. Sería una seudoautonomía.

Ahora bien, la autonomía es un régimen especial, jurídico-político y administrativo, constituido en el marco de un Estado nacional preexistente. La autonomía no es sólo autogobierno. Éste es un elemento esencial de la autonomía, pero no la agota. Por tanto, no es suficiente el reconocer la necesidad de autogobierno de los pueblos indios. Tampoco es adecuado reducir, como lo hacen algunos autores y foros, la solución de la problemática étnica en Latinoamérica al autogobierno. Se requiere establecer el sistema institucional o el régimen jurídico-político completo, en virtud del cual los grupos socioculturales puedan ejercer efectivamente sus derechos de todo tipo.

Por otra parte, el concepto de autogestión, como ha sido tradicionalmente empleado, es muy restringido en cuanto a funciones y estructuras de poder, a diferencia de las atribuidas al autogobierno. El autogobierno se refiere al derecho de los pueblos a organizar y dirigir su vida económica, social y política, de acuerdo con sus propias normas y necesidades actuales (por lo demás, siempre cambiantes). La autogestión hace referencia a la atribución otorgada a determinados grupos para administrar o encargarse de la gestión de algún tipo de acción o empresa. La connotación fundamental de la autogestión es de carácter administrativo, mientras que las facultades y competencias propiamente autonómicas, como hemos visto, son ante todo *políticas*.

Consideramos que, partiendo del reconocimiento de los derechos históricos y políticos de los pueblos indígenas, el siguiente paso consiste en plantearse la pregunta: ¿Cómo (o sea, en términos de qué sistema particular, régimen, arreglo, estructura político-administrativa, etc., dentro del Estado nacional) se va a garantizar que tales derechos se ejerzan en la práctica? La respuesta la han dado las propias organizaciones indígenas: el régimen de *autonomía*, que involucra reformas sustanciales del Estado y de la sociedad nacional. En el siguiente capítulo abordaremos este punto.

3. LA LUCHA POR LA AUTONOMÍA EN MÉXICO

A raíz del levantamiento zapatista del 1 de enero de 1994, la demanda general de autonomía de los pueblos indios se convirtió en un tema de debate nacional. El espacio político abierto por el Ejército Zapatista de Liberación Nacional (EZLN), permitió a los pueblos indígenas de todo el país manifestar sus viejos reclamos de autonomía, así como discutir entre ellos y ponerse de acuerdo sobre la forma y las características particulares del régimen de autonomía al que aspiran.

EL EZLN Y LA AUTONOMÍA

El EZLN fue concretando su propuesta de autonomía en el marco del nuevo escenario en que se colocaron los insurgentes a partir del 12 de enero de 1994, con el cese al fuego y el inicio del diálogo con el gobierno el 20 de febrero del mismo año.[1] La autonomía aparece mencionada por primera vez, sin mayor desarrollo, en una entrevista al subcomandante

---

[1] El subcomandante Marcos admite "que se saltó tan rápido de la fase militar a la fase política que no estábamos preparados para el diálogo'". Entrevista a Marcos por los enviados de *La Jornada*, del 4 al 7 de febrero, en *La palabra de los armados de verdad y fuego. Entrevistas, cartas y comunicados del EZLN (hasta el 4 de marzo de 1994)*, tomo 1, México, Editorial Fuenteovejuna, 1994, p. 164.

Marcos el 4 de enero de 1994. Éste declara que el EZLN exige "que se resuelvan las principales demandas de los campesinos de Chiapas: pan, salud, educación, autonomía y paz".[2]

En diversas entrevistas realizadas a jefes militares zapatistas en el mes de febrero de 1994, sin que éstos nombraran la palabra autonomía, hacían referencia a su contenido con el reclamo de su derecho a expresarse y dirigir, a gobernar y autogobernarse. Pero en algunos casos se remitían de manera explícita a la autonomía, como lo hizo el comandante indígena Isaac. Éste vinculaba la autonomía con la dignidad, con la revaloración de la capacidad de los pueblos indígenas para gobernar y dirigir su propio destino, así como con la reafirmación de la identidad étnica.[3]

Al tiempo que reivindicaban el derecho a dirigir su propio destino, exigían reconocimiento y respeto de las formas particulares de gobierno en las comunidades indígenas. Esto es, que se reconociera la estructura colectiva de gobierno indígena "a todo nivel", sus formas específicas de elección y revocación de las autoridades, así como sus instituciones y prácticas jurídicas. Como lo aclaró Marcos, la existencia de la forma de gobierno indígena, que

[2] "Los primeros reportajes, del 3 al 7 de enero", en *ibid.*, p. 64.

[3] "Como indígenas creemos y sentimos que tenemos la capacidad para dirigir nuestro destino. No hay necesidad de que nos anden llevando de la mano, pues. Como gente madura, como gente consciente, podemos dirigir nuestro propio destino. Podemos gobernar nuestro propio destino, podemos gobernar nuestro pueblo [...] Como indígenas necesitamos autonomía propia, necesitamos esa identidad, esa dignidad, pues. Dignidad de vivir y respetar." Véase "Entrevista al CCRI-CG, por los enviados de *La Jornada*, 3 y 4 de febrero", en *ibid.*, pp. 136-137.

hasta ahora "subyace abajo de la gubernamental" tiene que emerger a través de su legalización.[4]

De modo que el autogobierno no era para los zapatistas una idea nueva o ajena, sino una experiencia histórica y una práctica cotidiana en las comunidades indígenas. El problema consistía en que la forma particular de gobierno indígena no era reconocida y respetada por las autoridades nacionales; por ello, el autogobierno que ejercen de hecho los pueblos indígenas se da en condiciones difíciles y a contracorriente de la organización política y administrativa del país. Al respecto, Marcos señalaba que "hay elementos en la forma de gobierno de las comunidades y en la forma en que se organizan, que no corresponden al proyecto jurídico federal ni estatal ni municipal. Entonces entran en contradicción y se resuelven imponiendo uno, en este caso el del gobierno."[5]

---

[4] Marcos aclaraba en una entrevista que "en las comunidades en donde la mayoría es indígena, existe de por sí su forma de gobierno particular, que subyace abajo de la gubernamental. Y dicen: 'Lo que tiene que hacer el gobierno es reconocer que nuestra forma es la que opera, y la tienen que respetar y no meterse con nosotros'." Y agregaba: "Ellos eligen su autoridad y la quitan y la ponen cada que quieren. Pues que sea así. Y si alguien comete un delito, lo tratan de resolver ahí, en la comunidad, no lo mandan a otro lugar. Pero entonces el gobierno manda judiciales y eso les molesta. Dicen: '¿Por qué, si ya lo sancionamos nosotros, lo quieren llevar a la cárcel?' Si yo ya le puse una multa, por qué intervienen ustedes. Se están metiendo en mi estructura de mando." Marcos explica que las autoridades judiciales sólo podrían intervenir "cuando se apele. Cuando la misma comunidad diga: bueno, esto ya está muy grave y yo no puedo. Llévenselo." Cf. "Entrevista a Marcos previa al diálogo, por los enviados de *Proceso, El Financiero* y *The New York Times*", en *La palabra...*, *op. cit.*, p. 215.

[5] "Entrevista por Radio UNAM. 18 de marzo", *La palabra de los armados de verdad y fuego. Entrevistas, cartas y comuni-*

La solución a ese conflicto implicaba para los zapatistas el reconocimiento constitucional de la autonomía de los pueblos indígenas. En entrevista previa al diálogo realizado en la Catedral de San Cristóbal, Marcos afirmó que para reconocer la "autonomía administrativa y política de las regiones indígenas" habría que hacer reformas a la Constitución de la República. Ellos propondrían, en concreto, que se reformara "el artículo cuarto de la Constitución para reconocer la existencia de regiones de varias etnias".[6] También negociarían el "estatuto de autonomía donde nuestro gobierno, nuestra estructura administrativa, sea reconocida por el gobierno".[7] Así, pues, para los zapatistas la autonomía debía tener relevancia constitucional. Sin embargo, no disponían aún de una propuesta acabada, como lo indicó el subcomandante: en cuanto a "los estatutos de autonomía, nosotros necesitamos asesoría jurídica. Qué reformas es necesario hacer a la Constitución, qué leyes tomar en cuenta para formular la propuesta concreta."[8]

cados del EZLN (del 4 de marzo al 17 de julio de 1994), tomo 2, México, Editorial Fuenteovejuna, 1995, pp. 108-109.

[6] "Entrevista a Marcos previa al diálogo, por los enviados de Proceso, El Financiero y The New York Times", en op. cit., tomo 1, pp. 214-215.

[7] En esta entrevista se le preguntó a Marcos si la autonomía implicaría crear autoridades regionales en las zonas controladas por los insurgentes. A lo que contestó: "Autonomía, dicen los compañeros, como la de los vascos, o la catalana, que es una autonomía relativa, porque ellos tienen mucha, mucha desconfianza de los gobiernos estatales." Cf. "Entrevista a Marcos por los enviados de La Jornada, del 4 al 7 de febrero", en ibid., pp. 154-155.

[8] "Entrevista a Marcos previa al diálogo, por los enviados de Proceso, El Financiero y The New York Times", en ibid., pp. 214-215.

Durante el proceso de diálogo, Marcos informó a la prensa que los delegados zapatistas habían propuesto al gobierno federal que se comprometiera a hacer "una convocatoria muy amplia para discutir y aprobar en el Congreso el artículo cuarto, así como su ley reglamentaria", o "las reformas constitucionales necesarias, y entonces allí van a entrar las propuestas de los mayas, de los yaquis, de los tarahumaras, así como de la gente que ha estudiado el problema".[9] Pero, aclaró que el Congreso debía aprobar por consenso "la ley indígena, del artículo cuarto transitorio", y "quien tiene que decir si está de acuerdo con esa ley o no, no es el Congreso, sino las comunidades indígenas. Luego ya el Congreso pues que la firme."[10] Aunque la propuesta zapatista quedó "definida en un nivel general", se dejó establecido que la reforma constitucional tenía "que contemplar por lo menos algunos aspectos". Entre éstos, los siguientes: a] "que las autoridades tradicionales de las comunidades indígenas puedan existir y ejercer sus funciones en un marco de legalidad", y b] que se diera sustento legal al derecho indígena: su sistema e instituciones de justicia.[11]

En suma, la demanda de autonomía de los zapatistas se expresaba como el derecho de los pueblos indios a autogobernarse: a determinar la forma de gobierno que mejor satisficiese los intereses y las necesidades de la población. Pero el autogobierno se concebía no sólo como un atributo de los ciudadanos o individuos, sino también de las colectividades;

[9] "Conferencia de prensa de Marcos, 26 de febrero", en *ibid.*, pp. 242-243.

[10] "Entrevista a Marcos por los reporteros de *La Jornada*, los días 26 y 27 de febrero", en *ibid.*, p. 250.

[11] "Conferencia de prensa de Marcos, 26 de febrero", en *ibid.*, pp. 242-243.

esto es, un derecho no sólo de todos los mexicanos en lo individual (incluidos los indígenas) sino también de los pueblos indios en tanto colectividades. Los zapatistas asumían su identificación como mexicanos y, al mismo tiempo, como parte de una colectividad étnica determinada: tzotzil, tojolabal, tzeltal, etc. Como miembros de estos grupos étnicos, reclamaban su derecho a existir y, al mismo tiempo, a ser parte integrante de la nación mexicana. Esta voluntad de reafirmarse como colectividades étnicas se vinculaba con el reclamo político de autonomía.

Cuando se le preguntó a la dirigencia zapatista acerca de la definición del sujeto de la autonomía, el comandante indígena Isaac señaló que, aunque no se había precisado aún, podría ser que cada pueblo indígena o cada grupo étnico tuviera su propio gobierno autónomo.[12] De igual manera, Marcos demandó, durante el diálogo de la Catedral, que a cada pueblo indígena, a cada grupo étnico "se le dé autonomía".[13] También precisó que el gobierno autónomo tendría que responder a los intereses y a las necesidades de los indígenas.[14]

Por lo demás, los zapatistas vinculaban el territorio al autogobierno, y planteaban que el establecimiento de la autonomía implicaría necesariamen-

[12] "Entrevista al CCRI-CG, por los enviados de *La Jornada*", en *ibid.*, p. 137.

[13] "Documento Diálogos de San Cristóbal. Del 11 de febrero al 3 de marzo de 1994, Testimonio de Alejandra Moreno Toscano", en *Proceso*, núm. 956, México, febrero de 1995, p. v.

[14] Marcos advierte que no es la sangre indígena la que define el gobierno indígena sino su orientación; esto es, "tiene que responder a los intereses" de los indígenas, a las "necesidades de condiciones de vida que tienen, y además de esa aspiración a formar parte de la nación, a civilizarse". Cf. "Entrevista a Marcos, por Radio UNAM. 18 de marzo", en *La palabra...*, *op. cit.*, tomo 2, p. 112.

te modificaciones territoriales. En su caso, reclamaban el reconocimiento del territorio que estaba bajo su control, así como su forma de organización social.[15]

La dirigencia zapatista fue más específica al establecer que fuera regional el ámbito territorial en donde los pueblos indígenas ejercieran su autonomía. En ese sentido, Marcos indicó que la "autonomía administrativa y política de las *regiones* indígenas" sería lo más importante que los zapatistas plantearían en las negociaciones de la Catedral. El dirigente zapatista adelantó que demandarían reformas a la Constitución general del país, a fin de que se reconociera la forma de gobierno particular de los indígenas, no sólo en el ámbito de las comunidades sino de "*regiones enteras*". Ello incluía reconocer "la existencia de *regiones* de varias etnias que tienen su propia estructura" y el "gobierno colectivo a todo nivel".[16] En las entidades federativas donde se estableciera la autonomía de las regiones indígenas, habría "necesidad de que el gobernador del estado cogobierne con un grupo de gobernadores indígenas, por cada etnia". Ambas autoridades serían elegidas. "El gobernador del estado sería el gobernador, y en todo lo referente a las cuestiones indígenas tiene que ponerse de acuerdo con el cogobernador, o como se llame ese puesto. Y en todo lo que es el estado, tiene que ponerse de acuerdo todo el pueblo."[17]

[15] Más aún, en aquel momento los zapatistas proponían que su forma de gobierno y su "modelo de organización social sea tomado por el resto del país". *Ibid.*, pp. 111-112.

[16] "Entrevista a Marcos previa al diálogo, por los enviados de *Proceso*, *El Financiero* y *The New York Times*", en *La palabra...*, *op. cit.*, tomo 1, p. 215. Cursivas nuestras.

[17] Ídem.

Durante el diálogo en San Cristóbal de Las Casas, realizado a finales de febrero y principios de marzo de 1994, la delegación zapatista expuso las demandas políticas del EZLN, entre ellas la de "regiones pluriétnicas", y reafirmó su posición de que éstas formaran parte de un nuevo pacto federal: "Nuevo pacto entre la Federación-estados-municipios que acabe el centralismo y permita autonomía económica y cultural. No pedimos separación, sólo respeto a la lógica federal". Por su parte, como vocero del EZLN, el *sub* puntualizó: "Porque nos hemos dado cuenta de que a todos los pueblos se les imponen autoridades y se les trata como incapaces, por eso pedimos cambios en la relación estatal, nuevos municipios, regiones pluriétnicas y que, en base a esto, se convoque a nuevas elecciones y reforma electoral estatal que incluya autonomía."[18]

En un comunicado, fechado el primero de marzo de 1994, el CCRI-CG del EZLN dio a conocer a la opinión pública el pliego de demandas que había expuesto a Manuel Camacho Solís, comisionado del gobierno federal para el diálogo de la Catedral. El documento contenía 34 demandas. En el punto cuatro se reclamaba un "Nuevo pacto entre los integrantes de la federación que acabe con el centralismo y permita a regiones, comunidades indígenas y municipios autogobernarse con autonomía política, económica y cultural."[19]

---

[18] "Documento Diálogos de San Cristóbal. Del 11 de febrero al 3 de marzo de 1994", en *Proceso, op. cit.,* p. v.

[19] En el punto 16 se demandaba: "Como pueblo indígena que somos, que nos dejen organizarnos y gobernarnos con autonomía propia, porque ya no queremos ser sometidos a la voluntad de los poderosos nacionales y extranjeros". Véase "Comunicado del CCRI-CG. Pliego de demandas, 1 de marzo", en *La palabra…, op. cit.,* t. 1, pp. 264 y 266.

Los zapatistas concebían el nuevo pacto federal como una demanda nacional que involucraba no sólo a los indígenas, sino también a todos los mexicanos. En efecto, las luchas de diversos sectores por la descentralización y la autonomía de los municipios, de los estados de la Federación y del Distrito Federal eran compatibles con la lógica política de la demanda indígena. Puesto que la autonomía de las regiones, de los municipios y de las comunidades indígenas no estaba reconocida en la Constitución, los zapatistas reclamaban que se abriera ese espacio jurídico y político a los pueblos.

Aunque los rebeldes no se refirieron de manera explícita al asunto de las competencias, plantearon en términos generales que la autonomía debía ser en materia política, administrativa, económica, cultural y judicial. El contenido de cada una de esas materias no fue detallado. Sin embargo, se podían inferir, a partir de exposiciones diversas de la dirigencia zapatista, algunos aspectos que harían efectiva la autonomía política: a] Que se reconocieran constitucionalmente los órganos de gobierno autónomo y su organización, mediante elecciones democráticas; b] que se establecieran las facultades ejecutivas y administrativas de dichos órganos, y c] que los gobiernos autónomos respondiesen a los intereses y las necesidades de quienes los eligieron. En relación con la autonomía judicial, los zapatistas indicaron en diversas ocasiones que la justicia debía ser "administrada por los propios pueblos indígenas, según sus costumbres y tradiciones".[20]

Por otra parte, enunciaron en el pliego de demandas un conjunto de reclamos de carácter sociocultural, sin articulación explícita con los gobiernos

[20] *Ibid.*, p. 266.

autónomos. Por ejemplo, el gobierno central debía garantizar: *a*] Servicios educativos adecuados en las comunidades y municipios, profesores capacitados, así como educación completa y gratuita en todos los niveles para los pueblos indios. *b*] "Que las lenguas de todas las etnias sean oficiales y que sea obligatoria su enseñanza" en todos los niveles escolares. *c*] Respeto a la cultura y las tradiciones de los pueblos indígenas. *d*] La cancelación de la discriminación y el racismo contra los indígenas. *e*] El respeto a la libertad y condiciones para una vida digna de los pueblos indígenas. *f*] El cese de las expulsiones de indígenas de sus comunidades. *g*] Apoyos económicos y sociales para las mujeres indígenas. *h*] El "derecho de los indígenas a la información veraz de lo que ocurre en los niveles local, regional, estatal, nacional e internacional con una difusora indígena independiente del gobierno, dirigida y manejada por indígenas".[21]

Para los zapatistas la autonomía era una demanda indígena de carácter nacional, por varias razones: 1] porque involucraba a todos los pueblos indios del país y no sólo a los de Chiapas, 2] porque sólo podría alcanzarse "si los grandes problemas nacionales, los que afectan a las grandes mayorías de México, y que son la falta de democracia, libertad y justicia, encuentran un cauce de solución".[22] De este modo, el EZLN articulaba las reivindicaciones particulares de los pueblos indios con las de la mayoría de los mexicanos. De ese modo, vinculaba los problemas nacionales con los de los indígenas, así como la solución de ambos.

---

[21] *Ibid.*, pp. 265-268. También, *La palabra de los armados de verdad y fuego, op. cit.*, tomo 2, p. 205.
[22] "Mensaje del EZLN a la II Asamblea Nacional Indígena", *La Jornada*, 3 de junio de 1995, p. 12.

Esto explicaba la exigencia de los zapatistas de abordar los temas nacionales sobre democracia, justicia y libertad en el diálogo con el gobierno, como paso necesario para arribar a posibles acuerdos sobre derechos indígenas.

El EZLN siempre rechazó las pretensiones del gobierno de desligar los reclamos zapatistas de los de la mayoría de los mexicanos y de la cuestión nacional. Por esta razón, el EZLN expuso en el diálogo de la Catedral un conjunto de demandas agrupadas de esta manera: demandas nacionales que incluyen a todos los mexicanos; demandas campesinas que incluyen a todos los campesinos; demandas indígenas nacionales, y demandas estatales.[23]

A los pocos días de concluido el diálogo en la Catedral, y mientras se llevaba a cabo la consulta entre las bases zapatistas para definir la respuesta que los rebeldes darían al gobierno, Marcos comentó, en diversas entrevistas, que el EZLN consideraba que las reformas salinistas habían perjudicado no sólo a campesinos e indígenas sino también a otros sectores de la sociedad mexicana; además habían nuevas exigencias de la sociedad que requerían cambios legislativos. Por ello, razonó, se requería "rehacer la Constitución, pero no en la cámara sino en un congreso constituyente que consense y que consulte así directamente a toda la población, como una votación, sobre los puntos que la afectan". Para el EZLN, apuntaba, era necesario revisar el artículo 27, "que se legisle un nuevo pacto de la federación con las poblaciones indígenas para reconocerles autonomía" y "que se redefina toda la cuestión de la democracia". En fin, "tiene que haber

---

[23] "Rechazo a las propuestas del supremo gobierno, 10 de junio", *La palabra...*, *op. cit.*, tomo 2, p. 201-206.

una redefinición jurídica del destino del país. Una redefinición jurídica en el sentido de darle a la democracia también decisión sobre ese rumbo".[24]

RESPUESTA DEL EZLN AL GOBIERNO FEDERAL

Como se dijo, los zapatistas realizaron una consulta entre sus bases de apoyo y simpatizantes sobre la propuesta de acuerdos de paz que les presentó el gobierno federal en el diálogo de San Cristóbal. El 1 de junio de 1994, los zapatistas dieron a conocer las opiniones que recibieron de diversos sectores sociales, de todos los estados del país, sobre la propuesta gubernamental. Según dijeron, les fueron remitidos 64 712 comunicados en total. De éstos, 48% eran de campesinos e indígenas, 37% del "sector popular (amas de casa, estudiantes, maestros, colonos, organizaciones no gubernamentales)", 6% de obreros y empleados, y 3% de mexicanos en el extranjero. De los comunicados, 40% provenía del sur, sureste y península de Yucatán, 20% del centro del país, 20% de los estados del golfo, 10% del norte y otro tanto del occidente del país.[25] A los pocos días, el 10 de junio de 1994, la comandancia zapatista dio a conocer los resultados de la consulta en todos los poblados que forman y apoyan al EZLN: el 97.88% del total votó por "*no* firmar la propuesta de acuerdo de paz del gobierno". Con relación a "las propuestas sobre el

---

[24] "Entrevista a Marcos por Radio UNAM. 18 de marzo", en *ibid.*, pp. 82-83.
[25] "Comunicado del CCRI-CG del EZLN, 1 de junio", en *ibid.*, pp. 187-188.

paso a seguir", el 96.74% del total se pronunció "por la resistencia y la convocatoria a un nuevo diálogo nacional y con todas las fuerzas honestas e independientes".[26]

El EZLN informó a la opinión pública las razones de su rechazo. En lo referente a su demanda de autonomía en regiones, municipios y comunidades indígenas, los zapatistas señalaron que el gobierno "pretendió reducir la demanda de autonomía a las comunidades y deja intacto el esquema centralista"; asimismo, la "demanda de autonomía real para los municipios fue hecha a un lado en las respuestas gubernamentales". En cuanto a "La ley prometida por el gobierno para reconocer la autonomía política, económica y cultural a las comunidades indígenas sigue el trámite acostumbrado: iniciativa de ley que no resuelve el problema de fondo, no es consensada en los sectores indígenas ni en los especialistas, y pretende ser aprobada al vapor. Violando su propio ofrecimiento de que la llamada 'Ley General de los Derechos de las Comunidades Indígenas' respondería 'a las demandas, opiniones, preocupaciones y consensos políticos de las comunidades indígenas' y que se vería enriquecida 'por un grupo de especialistas', la ley sigue el mero trámite de cubrir el expediente de reglamentar el artículo 4o. constitucional, sin consultar a ningún sector interesado."[27]

[26] "Tiempo de decisión. Los zapatistas *stop* no se rinden *stop*", en *ibid.*, p. 199. En otro comunicado, el EZLN informó que la consulta se había realizado en todos los poblados, ejidos, rancherías y parajes donde hay miembros del EZLN, y que el 100% de la población zapatista consultada eran indígenas. "Comunicado del CCRI-CG del EZLN", en *ibid.*, p. 194.

[27] Cf. "Rechazo a las propuestas del supremo gobierno, 10 de junio", en *ibid.*, pp. 201, 203 y 206.

En efecto, la respuesta del gobierno a la demanda de autonomía del EZLN omitió deliberadamente las cuestiones centrales y propuso legalizar tan sólo la existencia de las comunidades indígenas por medio de una ley reglamentaria del 4o. constitucional, conocida como *Ley General de los Derechos de las Comunidades Indígenas*. Esta ley, en principio, sería enviada por el Ejecutivo federal al Congreso de la Unión en el mes de abril de 1994. Este propósito no se concretó.

Conviene recordar que, en 1989, los funcionarios e intelectuales encargados de diseñar la política indigenista afirmaron que la adición al artículo 4o. constitucional promovida por Salinas era suficiente para dar solución a la problemática indígena del país. La iniciativa fue fuertemente criticada por organizaciones indígenas y sectores de opinión no india. Éstos indicaron que tal reforma era limitada y restrictiva, ya que dejaba de lado los derechos económicos, sociales y políticos de los indígenas, limitándose tan sólo a las cuestiones "culturales". No obstante, tal reforma fue aprobada en 1992. En el momento de la irrupción zapatista, aún no se había reglamentado.

Después de la rebelión zapatista, las organizaciones indígenas volvieron a insistir, junto con el EZLN, en una nueva *reforma* al artículo 4o. constitucional (como paso previo a cualquier "reglamentación") para que se estableciera el derecho a la autonomía de los pueblos indios. Sin embargo, el gobierno se negó a hacer reformas a la Constitución federal y tan sólo propuso a los zapatistas la ley reglamentaria indicada.

Los contenidos de la ley adjetiva propuesta por el gobierno no respondían a las aspiraciones autonómicas del EZLN, de los pueblos indígenas de

Chiapas y del resto del país, por varias razones: 1] La propuesta de ley fue elaborada por funcionarios del gobierno antes del 1 de enero de 1994, y se realizó sin una auténtica consulta entre las organizaciones y las comunidades indígenas. De manera que *no* era producto de un proceso democrático ni de un consenso político. Por lo mismo, tampoco recogía las aspiraciones y las demandas centrales de los pueblos indios. 2] La oferta legal desconocía el carácter de *pueblo* de los indígenas y reducía sus derechos al ámbito de las comunidades. 3] La propuesta omitía los derechos políticos de los pueblos indígenas y la posibilidad de establecer formas de organización social y política de carácter supracomunal, como sería la creación de gobiernos autónomos en las escalas municipal y regional. 4] El texto gubernamental negaba a los pueblos indios el reconocimiento de sus territorios y recursos; tan sólo reconocía el "patrimonio familiar" de los indígenas. 5] Finalmente, otorgaba al Instituto Nacional Indigenista y a la Procuraduría Agraria poderes excesivos sobre las comunidades indígenas, reforzando por ese medio el centralismo y el tutelaje. En fin, dicha propuesta reglamentaria legalizaba la atomización de las comunidades indígenas, su segregación y exclusión de la política nacional, y reafirmaba el control estatal sobre la población indígena a través del INI y de la Procuraduría Agraria.

Como era de esperarse, el EZLN rechazó la oferta gubernamental. En realidad, ésta no sólo era insatisfactoria respecto de la demanda de autonomía y de sus implicaciones, también lo era en relación con otros reclamos zapatistas, tales como la necesidad de redefinir la política económica y los términos del TLC, y la democratización del país. En la propuesta del gobierno no se mostraba la más mínima intención de modificar sus políticas estratégicas. Las soluciones que proponía se limitaban a realizar estudios o evaluaciones de las repercusiones del TLC, los cuales jamás se iniciaron siquiera, o a "resolver" las dramáticas carencias de los indígenas mediante medidas asistencialistas, circunscritas a algunas regiones de Chiapas, principalmente a la zona de conflicto.[28]

Ante la falta de compromisos serios de parte del gobierno federal para dar una solución de fondo a las demandas zapatistas, el EZLN hizo pública su *II Declaración de la Selva Lacandona*, en la que convocaba a la sociedad civil a realizar la Convención Nacional Democrática (CND), "después de haber entendido que la justicia que tiene en la orfandad a los indígenas mexicanos sólo será posible en un país libre y democrático".[29] Los zapatistas propusieron que de la CND resultaran las propuestas de un gobierno de transición, un congreso constituyente y una nueva Constitución para el país. En otro comunicado dirigido a los participantes en la primera sesión de la CND, el EZLN ratificaba que el gobierno de transición a la democracia debería reconocer el derecho a existir de "las formas de autogobierno en las comunidades indígenas"; que el congreso constituyente debía tener representatividad "de las comunidades indígenas", y que la nueva Constitución debía incorporar "la autonomía".[30]

[28] *Ibid.*, pp. 201-207.
[29] "Precisiones a la convocatoria de la convención, 1 de julio", en *La palabra...*, *ibid.*, p. 258.
[30] "Comunicado del CCRI-CG del EZLN", en *La palabra de los armados de verdad y fuego. Entrevistas, cartas y comunicados del EZLN (del 18 de julio al 31 de diciembre de 1994)*, tomo 3,

En el mes de agosto de 1994, los representantes de diversas etnias, sectores sociales, corrientes ideológicas y políticas democráticas, mujeres, jóvenes e intelectuales de todos los estados del país constituyeron junto con los zapatistas la Convención Nacional Democrática, en el primer *Aguascalientes*. Las demandas de todos ellos quedaron plasmadas en los acuerdos de este encuentro, en particular los puntos que debía contener una nueva Constitución. En relación con los reclamos de los pueblos indios, se propuso la integración de "un capítulo sobre los indígenas y elaborado por los propios pueblos" y la reforma de varios artículos "para fortalecer el municipio y declarar las regiones autónomas".[31]

Tres meses después se celebró la segunda sesión de la CND, en Tuxtla Gutiérrez. En ella se definió la estructura organizativa de la CND en cuatro niveles: nacional, regional, estatal y sectorial.[32] De conformidad con esta estrategia, los delegados indígenas en dicha sesión acordaron realizar la Convención Nacional Indígena (CNI). Su acto fundacional tuvo lugar a mediados de diciembre del mismo año, en la ciudad de Tlapa, Guerrero.[33] Los objetivos de la CNI

México, Editorial Fuenteovejuna, 1995, pp. 10-11. Al acto de fundación de la CND asistieron más de siete mil personas, entre delegados, invitados y periodistas.

[31] "Síntesis de los Resolutivos de la Convención Nacional Democrática de Aguascalientes, Chiapas", en *El Despertador Ciudadano*, Órgano de Difusión de la Convención Nacional Democrática-DF, núm. 1, México, 12 de septiembre de 1994, pp. 10-11.

[32] Cf. *El Navegante*, núm. 3, noviembre de 1994, pp. 7 y 8. En el nivel sectorial, se comenzaron a conformar las convenciones de mujeres, artistas, indígenas, estudiantes, ecologistas y trabajadores.

[33] La Comisión organizadora estuvo conformada por diver-

eran incorporar un número creciente de organizaciones indígenas en una fuerza nacional que se nucleara en torno a la plataforma política de la CND, recogiendo sus demandas y propuestas particulares. En la declaración final de este evento, la CNI puso el acento en el tema de la lucha por la autonomía y su reconocimiento constitucional. Al abordar este punto, los declarantes vincularon el reconocimiento de la autonomía con la democracia nacional "como parte de un proceso mucho más amplio que incluye transformaciones de fondo", como "la construcción de un nuevo Estado, con un nuevo federalismo, una nueva distribución territorial del país, así como un nuevo pacto entre los mexicanos". En cuanto al plan de acción, se pronunciaron por recuperar, impulsar y fortalecer "la autonomía de nuestros pueblos, comunidades, municipios, regiones",

sas organizaciones indígenas, en su gran mayoría de Chiapas, como la Coordinadora de Organizaciones en Lucha de los Pueblos Mayas para la Liberación (Colpumali), la ARIC independiente, el Frente Independiente de Pueblos Indios (FIPI), la Central Independiente Obreros Agrícolas y Campesinos (CIOAC), la Organización Campesina Emiliano Zapata (OCEZ), la Convergencia de Organizaciones Campesinas e Indígenas de Chiapas (COCICH), el Movimiento Campesino Regional Independiente (MOCRI), el Grupo de Mujeres de San Cristóbal (estas organizaciones y otras más declararon el 12 de octubre de 1994 la creación de Regiones Autónomas Pluriétnicas en Chiapas). También participaron en la comisión diversas organizaciones de distintos estados del país, como la Coalición Obrero Campesino Estudiantil del Istmo (COCEI) y la Unión de Comunidades Indígenas de la Zona Norte del Istmo (UCIZONI) de Oaxaca, la Coordinadora Regional de Organizaciones Indígenas de la Sierra de Zongolica (CROISZ) de Veracruz, la Nación Purépecha de Michoacán, el Consejo Chontal de Tabasco, el Consejo Guerrerense 500 Años de Resistencia Indígena, las Comunidades del Valle A.C. (COVAC) de Hidalgo, el Consejo Tradicional de Pueblos Indios de Sonora, entre otras.

así como realizar una "campaña nacional de debate y sensibilización sobre nuestro derecho a la autonomía".[34]

En Juchitán, Oaxaca, se llevó a cabo la segunda asamblea de la CNI, a finales de febrero de 1995, con la Coalición Obrero Campesino Estudiantil del Istmo (COCEI) como anfitriona. La autonomía de los pueblos indígenas se mantuvo como el tema principal. Sin embargo, sería el último encuentro organizado por la CNI, ya que la Convención Nacional Democrática, de la que formaba parte la CNI, entró en crisis y se disolvió. Así, la CNI corrió la misma suerte que la CND que le dio origen.[35]

CONSTRUCCIÓN DE LA PROPUESTA DE AUTONOMÍA

Ante el acelerado decaimiento de la CNI, algunos dirigentes indígenas que se habían destacado por su activismo en la convención buscaron orientar los esfuerzos hacia una nueva fase de consensos en torno a una propuesta concreta de autonomía. Para ello, convocaron a un encuentro denominado "Asamblea Nacional Indígena Plural por la Autonomía" (ANIPA). Se pretendía responder de esa manera a lo expuesto por el EZLN en la II y III De-

[34] Convención Nacional Indígena, *Declaración de la Montaña*, ms., Tlapa, Guerrero, 17 y 18 de diciembre de 1994.

[35] En la tercera sesión de la Convención Nacional Democrática, efectuada del 3 al 5 de febrero de 1995, en la ciudad de Querétaro, se intentó constituir el "Movimiento de Liberación Nacional", pero las querellas entre corrientes y los conflictos internos impidieron su realización. Una fracción de la CND intentó su reconstrucción el 10 de mayo, sin lograrlo.

claración de la Selva Lacandona,[36] en las que los zapatistas destacaban la necesidad de arribar a un nuevo constituyente y a una nueva Constitución. Esta convocatoria implicaba que los diversos sectores de la sociedad mexicana debían presionar para alcanzar tales metas y, simultáneamente, desarrollar y consensar sus propuestas de demandas propias que eventualmente habrían de incorporarse en una nueva carta magna. Los dirigentes indígenas lo entendieron muy bien. Por ello, se dedicaron a reactivar los encuentros entre los pueblos indios con el fin de construir una propuesta que comprendiera las líneas principales de las reformas mínimas para la creación de los entes autónomos y, de manera concomitante, formar la fuerza social que impulsara esos cambios. Había también que avanzar en los contenidos y alcances de los estatutos de autonomía de las regiones indígenas. Éstos habían sido mencionados por el EZLN en su III Declaración, en el punto en el que declaró "válida la Constitución Política de los Estados Unidos Mexicanos original, expedida el 5 de febrero de 1917, incorporando a ella las Leyes Revolucionarias de 1993 y los *Estatutos de Autonomía incluyente para las Regiones Indígenas*", y decretó "el apego a aquélla hasta que se instaure

---

[36] En la III Declaración, los rebeldes reafirmaron el vínculo entre lo étnico y lo nacional, y se adelantaron a rechazar la idea –que se convertiría más adelante en el caballito de batalla de los voceros gubernamentales– de que autonomía implicaba segregación o separación: "La cuestión indígena no tendrá solución si no hay una transformación *radical* del pacto nacional. La única forma de incorporar, con justicia y dignidad, a los indígenas de la Nación, es reconociendo las características propias de su organización social, cultural y política. Las autonomías no son separación, son la integración de las minorías más humilladas en el México contemporáneo. Así lo ha enten-

el nuevo congreso constituyente y se expida una nueva carta magna".[37]

Es, pues, en ese contexto en el que se convoca a las organizaciones y pueblos indígenas a participar en la primera reunión de la Asamblea Nacional Indígena Plural por la Autonomía, la que fue realizada en la ciudad de México del 10 al 12 de abril de 1995. El tema central era discutir los cambios constitucionales, dentro del formato de un "Proyecto de Iniciativa de Decreto para la Creación de las Regiones Autónomas".[38] La iniciativa sintetizaba los acuerdos tomados en numerosas reuniones indias de carácter local, regional y nacional, antes y después del primero de enero de 1994. Asimismo, incorporaba las modalidades del proceso autonómico chiapaneco que arrancó formalmente con el anuncio público (12 de octubre de 1994) de que se

dido el EZLN desde su formación y así lo han mandado las bases indígenas que forman la dirección de nuestra organización." Cf. CCRI-CG del EZLN, *III Declaración de la Selva Lacandona*, ms., México, enero de 1995.

[37] *Ibid.* Cursivas nuestras. También llamaba a la sociedad civil a constituir un Movimiento de Liberación Nacional para luchar por la "formación e instauración de un gobierno nacional de transición", que tendría, entre otras características, la de reconocer "las particularidades de los grupos indígenas" y "su derecho a la autonomía incluyente y su ciudadanía".

[38] Véase, ANIPA, "Proyecto de iniciativa para la creación de las regiones autónomas", en *La autonomía de los pueblos indios*, Cámara de Diputados, Grupo Parlamentario del PRD, LVI Legislatura, México, 1996, pp. 155-169. Esta primera asamblea fue convocada por legisladores indígenas (Auldárico Hernández Gerónimo, senador chontal de Tabasco, y el diputado tojolabal de Chiapas, Antonio Hernández), el Consejo General de las Regiones Autónomas Pluriétnicas de Chiapas, el Grupo de Apoyo a la Autonomía Regional Indígena (GAARI), la Comisión Mexicana de Defensa y Promoción de los Derechos Humanos y la Secretaría de Derechos Humanos y Pueblos Indios del PRD.

creaban varias regiones autónomas *de facto* en el estado, y los pronunciamientos acerca de la autonomía del propio EZLN. De esa manera, se contaba con un consenso previo en torno a ciertos temas básicos entre una buena parte de los delegados, aunque muchos de ellos se incorporaban por primera vez a deliberar sobre propuestas constitucionales. El proyecto fue acogido con gran interés por los delegados indígenas, quienes acordaron llevar la discusión nacional a otras regiones del país, con el objeto de difundir la propuesta y recoger los puntos de vista de otras organizaciones y pueblos indios.

La primera versión del Proyecto de Iniciativa de Decreto para la Creación de las Regiones Autónomas de la ANIPA ofrecía el marco constitucional para la creación y el funcionamiento del régimen de autonomía en el país, pero no abordaba una infinidad de detalles cruciales, algunos de los cuales fueron incluidos y resueltos en las asambleas nacionales posteriores. La iniciativa original planteaba la reformulación del artículo 4o. de la Constitución general, cuya mayor novedad consistía en el establecimiento del derecho de los pueblos indios al régimen de autonomía, en tanto fundamento político para el ejercicio de sus derechos colectivos e históricos. Al mismo tiempo, se proponían reformas y adiciones al artículo 115 para crear un nuevo "piso" en el régimen federal –las regiones autónomas– como parte de la organización vertical de los poderes de la nación.

En suma, en las adiciones y reformas a estos y otros artículos se establecían los elementos constitutivos del régimen de autonomía: la base territorial y jurisdiccional, los órganos de gobierno y las funciones y competencias de las regiones, municipios y comunidades autónomos; asimismo, las disposiciones generales relativas a la configuración y organización de las entidades autonómicas.

En la exposición de motivos de la iniciativa se sustentaba la conveniencia de que la autonomía tuviera carácter regional, pluriétnico y democrático. Aunque proponía que cada una de las regiones tuviera un gobierno propio, las bases de su organización política y administrativa interna serían las comunidades y los municipios autónomos. Las autoridades del gobierno regional y de los municipios serían elegidas de acuerdo con el "principio pluriétnico" allí donde la composición sociocultural fuera heterogénea, de modo que quedaran representados todos los pueblos integrantes, indios y no indios. Las comunidades indígenas también podrían elegir libremente su propio gobierno autónomo. Asimismo, se buscaba asegurar la igualdad de derechos y oportunidades "de todos los mexicanos avecindados en las respectivas regiones", mediante la creación de instituciones y cauces para la representación y participación de todos sus integrantes.

En las asambleas de la ANIPA, la reflexión sobre la estructura del Estado y de la nación mexicanos era central, por dos razones: una, porque la causa fundamental de la pobreza, de la injusticia social y económica que padecen los pueblos indios se debe, según se indica en la exposición de motivos, al carácter excluyente, antidemocrático y centralista del Estado; y dos, porque la solución a la problemática étnica y el reconocimiento real de la autonomía implican la construcción de un Estado democrático, descentralizado e incluyente.

En la primera asamblea de la ANIPA, realizada en el Congreso de la Unión –recinto tradicionalmente vedado a los indígenas– con la participación de delegados de decenas de organizaciones indígenas del norte, centro y sur del país, éstos aprobaron en lo fundamental las reformas y adiciones constitucionales contenidas en la iniciativa. También plantearon nuevos aspectos y problemáticas que fueron incorporados en una segunda versión. Ésta se discutió en la II asamblea de la ANIPA, celebrada en territorio de los pueblos yaquis.[39]

Pero veamos antes, de manera sucinta, las adiciones o cambios sugeridos por los delegados de la I Asamblea y aprobados por el pleno: 1] La inclusión del reconocimiento de las "instituciones y prácticas jurídicas" de los pueblos indios; 2] la penalización de toda discriminación hacia los pueblos indios; 3] la incorporación de los derechos de género de las mujeres indígenas, cuya formulación de carácter general quedó incorporada a la iniciativa de la siguiente manera: la ley "promoverá y asegurará la participación e igualdad de la mujer indígena"; 4] indicar con mayor precisión los distintos estratos del gobierno autónomo (regiones, municipios y comunidades), sus respectivas competencias y las relaciones que mantendrían entre sí (de acuerdo con esta sugerencia, se agregaron varios párrafos al texto original que, al mismo tiempo, reafirmaban el criterio prevaleciente de que la autonomía debía establecerse de manera simultánea en las regiones, municipios y las comunidades indígenas); 5] incorporar en la iniciativa el principio de que la autonomía debería ser el resultado de la libre decisión (autodeterminación) de los pueblos, sin interferencia

[39] Para una mayor información sobre la propuesta de la ANIPA y las discusiones en la primera y segunda asambleas nacionales, véase Héctor Díaz-Polanco y Consuelo Sánchez, "Las autonomías: una formulación mexicana", en *Ojarasca*, núm. 44, México, mayo-julio de 1995.

del gobierno o imposición de intereses externos (se escogió el plebiscito como procedimiento para manifestar la voluntad de la población); 6] se acordó que la representación de los indígenas en el Congreso de la Unión y en los locales pasara a los artículos correspondientes de la Constitución, pues en la versión original de la iniciativa, tales derechos estaban incluidos en el artículo 115. De conformidad con este acuerdo, se incluyó la reforma y adición al artículo 53, que en lo fundamental establece la elección de diputados de mayoría relativa y de representación proporcional al Congreso de la Unión, procedentes de las regiones autónomas. También se introdujo la adición de un párrafo a la fracción II del artículo 116, para garantizar la elección de diputados de las regiones autónomas a las legislaturas de los estados.

Como se dijo, los delegados acordaron continuar sus trabajos en Sonora, para lo cual se solicitó permiso a las autoridades tradicionales de los pueblos del norte, en particular a las de los pueblos yaquis. Concedido aquél, se celebró la segunda asamblea en Lomas de Bácum, territorio yaqui, los días 27 y 28 de mayo de 1995. Esta magna reunión contó con la asistencia de cerca de 400 indígenas (yaquis, mayos, seris, rarámuris, kikapus, o'odham, guarijío) y la presencia de delegados indios de casi todos los estados del país. La organización de esta asamblea estuvo a cargo del Consejo Tradicional de los Pueblos Indígenas de Sonora y de las autoridades de los pueblos yaquis. La decisión de realizar esta segunda asamblea en el territorio yaqui resultó un gran acierto, pues permitió confrontar la iniciativa con la realidad norteña, diferente en algunos aspectos fundamentales de la de otras etnorregiones. Aquí se discutió el nuevo texto de la iniciativa, que incorporaba las adiciones propuestas y aprobadas en la primera asamblea.

Resumamos algunos de los cambios que recogen las peculiaridades de los indígenas del norte. En primer lugar, se propuso destacar en la exposición de motivos de la iniciativa la experiencia acumulada de autonomías *de facto* entre los pueblos indios, en particular de las etnias del norte, que no tiene parangón con otras regiones. El futuro régimen de autonomía debía tener presente esos embriones autonómicos e incorporarlos en el nuevo modelo. Segundo, se planteó introducir la cuestión binacional de algunos pueblos indios, como los o'odham, que enfrentan una especial problemática en la frontera norte. Tercero, se propuso agregar que la creación de regiones autónomas pudiera "integrarse con la unión de municipios, comunidades o pueblos". Esta solución fue el resultado de un interesante debate, ya que tanto la relación de las "tribus" norteñas con la institución municipal como la organización de sus núcleos de población son diferentes a las vigentes en otros puntos, por lo que allí las regiones autónomas se estructurarían más bien a partir de la asociación de sus pueblos (v.gr. los ocho pueblos yaquis). Cuarto, incorporó la fórmula de que, según "la composición interna de su población, las regiones autónomas podrán ser pluriétnicas o monoétnicas". Originalmente, la iniciativa establecía únicamente el carácter pluriétnico. Aunque la norma nacional es la configuración de regiones multiétnicas –lo que deberá reflejarse en el régimen de autonomía–, sobre todo en el norte, es común la existencia de unidades históricamente conformadas que tienen una composición monoétnica, a las que se deberá también respetar sus composiciones particulares. Quinto, se pidió introducir en el listado de las competencias que deberán asumir las regiones autónomas, la facultad de éstas para "reglamentar el uso, preservación, aprovechamiento, control y defensa de sus territorios, recursos naturales y medio ambiente", así como la facultad de "administrar e impartir la justicia interna en aquellas materias que la ley determine, de acuerdo con las instituciones y prácticas jurídicas de los pueblos".[40]

El texto de la iniciativa fue aprobado en esta asamblea, y los cambios señalados fueron incorporados en una tercera versión, que hicieron de la iniciativa una propuesta más acorde con la diversidad etnorregional del país. Esta nueva versión fue discutida en la tercera sesión de la ANIPA, celebrada en la ciudad de Oaxaca los días 26 y 27 de agosto de 1995. A esta reunión asistieron 400 personas, de más de 90 organizaciones indígenas de trece estados de la República.[41] Esta sesión también constituía un reto para la propuesta de autonomía. En el estado de Oaxaca se habían desarrollado planteamientos que hacían hincapié en lo comunal. Incluso algunos intelectuales indígenas de Oaxaca se habían opuesto abiertamente a la autonomía regional.[42] Pero también existían importantes organiza-

[40] Véase *Relatoría General de la II Asamblea Nacional Indígena Plural por la Autonomía*, ms., Lomas de Bácum, Sonora, 27 y 28 de mayo de 1995.

[41] En total fueron 270 delegados, además de 110 invitados y observadores. *Relatoría de la III Asamblea Nacional Indígena Plural por la Autonomía*, ms., Oaxaca de Juárez, Oaxaca, 27 de agosto de 1995.

[42] Éste fue el caso de Floriberto Díaz, fundador y coordinador general de Servicios del Pueblo Mixe, quien hablando desde la perspectiva de su organización, concluía en una entrevista de mediados de 1994: "nosotros no estamos luchando por algo que no tenemos, estamos luchando por reafirmar la autonomía comunitaria y ejercerla plenamente, sin ponernos en contradic-

ciones indígenas en el estado, como las agrupadas entonces en el Consejo de Organizaciones Indígenas y Campesinas de Oaxaca (COICO), que en abril de 1994 demandaron la modificación del "artículo 4o. constitucional para incluir las regiones autónomas como un derecho histórico de los indios", e incluso propusieron una formulación de la reforma y adición a tal artículo,[43] que fue tomada en cuenta en la elaboración de la primera versión del texto de la ANIPA. Después de la III Asamblea de la ANIPA, el panorama cambió sustancialmente hacia una articulación de propuestas que antes se presentaban como contradictorias. En particular, la autonomía de la comunidad y la de la región se mostraron como compatibles y complementarias.[44]

Finalmente, los delegados de la III Asamblea de la ANIPA aprobaron la iniciativa en lo general, con algunas modificaciones mínimas. Los delegados acordaron un conjunto de acciones para difundir la propuesta de la ANIPA en cada una de las comunidades, pueblos, municipios, regiones y estados en que tenían presencia. Igualmente, determinaron conti-

ción con el Estado". Véase "Un camino propio", entrevista con Floriberto Díaz, *Ojarasca*, nums. 35-36, México, agosto-septiembre de 1994.

[43] COICO (Comisión de Prensa): *Declaración de Oaxaca sobre Autonomía de los Pueblos Indios*, ms., Oaxaca de Juárez, 20 de abril de 1994.

[44] La mencionada organización mixe, por ejemplo, incorporó los planteamientos centrales de la ANIPA a su programa. Al respecto, véase Servicios del Pueblo Mixe, "La autonomía: una forma concreta de ejercicio del derecho a la libre determinación y sus alcances", ponencia presentada por su coordinador general (Adelfo Regino) en el Foro Nacional Indígena convocado por el EZLN y realizado en San Cristóbal de las Casas del 2 al 8 de enero de 1996, en *Chiapas*, 2, México, IIE, Ediciones ERA, 1996, pp. 119-132.

nuar con la consulta y el diálogo entre los pueblos
indios, así como sumar a este proceso a los demás
sectores sociales y políticos del país.[45] Otras aporta-
ciones de esta asamblea se dieron en las siete mesas
de trabajo. Por ejemplo, en la Mesa 2, se trabajó sobre un texto (Protocolo adicional) elaborado por la
comisión de redacción de la ANIPA. Este documento
contenía elementos que podrían servir como materia prima de una futura ley reglamentaria de las reformas constitucionales para la creación de las regiones autónomas. En la Mesa 3, se abordaron los
temas de tierras, territorio y autonomía, y se propuso la creación de un grupo de trabajo para "la formulación de un nuevo artículo 27 constitucional que
reconozca los derechos de los pueblos indios a la tierra desde la perspectiva del territorio". Uno de los
elementos centrales que debían tomarse en cuenta
era restituir el carácter de inembargable, impres-
criptible e inalienable de las tierras ejidales y comunales. En la Mesa 5 sobre derechos de las mujeres
indígenas, las delegadas reflexionaron sobre las
propuestas concretas que debían ser incluidas en la
iniciativa de reforma. Asimismo, decidieron realizar una Asamblea Nacional de Mujeres en Chiapas,
dos días antes de la cuarta reunión de la ANIPA.

En el intervalo entre la tercera y la cuarta asambleas de la ANIPA, se llevaron a cabo –en los meses
de octubre y noviembre de 1995– la fase uno y dos
de la Mesa 1 ("Derechos y Cultura Indígena") del
proceso de diálogo y negociación entre el EZLN y el
gobierno federal. Este hecho trascendental reafirmó el rumbo de las discusiones entre los delegados

---

[45] Véase *Relatoría de la III Asamblea Nacional Indígena
Plural por la Autonomía*, ms., Oaxaca de Juárez, Oaxaca, 27
de agosto de 1995.

de la IV Asamblea de la ANIPA, celebrada en San Cristóbal de Las Casas, los días 8 y 9 de diciembre de 1995, en la sede del Consejo General de las Regiones Autónomas Pluriétnicas (antiguo Centro coordinador Tzeltal-Tzotzil del INI, tomado por las organizaciones indígenas y campesinas agrupadas en el CEOIC a raíz del levantamiento zapatista). A esta asamblea asistieron 500 delegados de 149 organizaciones, representando a 31 grupos étnicos radicados en 21 estados de la República; asimismo, participaron delegados indígenas quiché, kakchiquel y q'eqchil, de Guatemala; de los pueblos apache, dinhe, seminol y nahoas, de Estados Unidos, y de organizaciones invitadas de Canadá y Dinamarca.[46]

Según lo acordado, los días 7 y 8 de diciembre, en el mismo lugar se llevó a cabo el Encuentro Nacional de Mujeres Indígenas. En este encuentro participaron 260 mujeres indígenas de 12 estados del país. Los objetivos del encuentro eran "propiciar un espacio de reflexión y acercamiento entre las mujeres indígenas acerca de sus derechos, usos y costumbres"; "discutir la propuesta de autonomía de los pueblos indios, con una visión de género", y "buscar formas de organización y participación de las mujeres indígenas, potenciando una red nacional de mujeres".[47] Una vez concluida esta reunión, las mujeres se incorporaron a los trabajos de la IV Asamblea.

[46] Cf. IV Asamblea Nacional Indígena Plural por la Autonomía, *Declaración de Jovel*, ms., Chiapas, 9 de diciembre de 1995.

[47] "Conclusiones: Encuentro Nacional de las Mujeres de la ANIPA", en *Influencias del zapatismo en las mujeres indígenas* (Nellys Palomo, comp.), Comisión de Seguimiento de Mujeres de la ANIPA, K'inal Antsetik, A.C., México, 1996, pp. 3-4.

Realizar la asamblea de la ANIPA en Chiapas era de gran interés por la diversidad de procesos autonómicos que se habían desarrollado en la entidad a partir del levantamiento zapatista, tales como "la declaración de los municipios rebeldes, por el EZLN; las Regiones Autónomas Pluriétnicas (RAP) promovidas en la región de Los Altos, Norte, Cintalapa, Ocosingo, Valles tojolabal y tzeltal de Las Margaritas y Selva Fronteriza; los municipios libres en la región selvática de Marqués de Comillas y el movimiento autonomista de la región del Soconusco".[48] Entre las organizaciones que habían impulsado la constitución de los distintos entes autónomos estaban la CIOAC de Chiapas, el PRD local, el Movimiento Campesino Regional Independiente (MOCRI), la Organización Regional de Caficultores de Ocosingo (ORCAO), ARIC-independiente, FIPI, así como ciertos sectores de la sociedad civil india y no india.

Los delegados de la IV Asamblea, además de discutir y aprobar la iniciativa de la ANIPA, evaluaron la participación de un gran número de miembros de la ANIPA y de otros pueblos indios del país, como asesores e invitados del EZLN en las dos fases del diálogo, y manifestaron su gratitud a los zapatistas por haber abierto ese espacio y permitirles exponer sus demandas y propuestas. Asimismo, reconocieron que en San Andrés "encontramos una profunda afinidad y coincidencia entre nuestros hermanos" en la "necesidad de establecer un Régimen de Autonomía Regional en la Constitución y permitir su existencia y desarrollo".[49] También denunciaron

[48] Cf. Araceli Burguete Cal y Mayor, "Autonomía indígena", en *Memoria*, núm. 75, CEMOS, México, marzo de 1995, p. 20.

[49] Cf. *Declaración de Jovel*, IV Asamblea Nacional Indígena Plural por la Autonomía, ms., San Cristóbal de Las Casas, 9 de diciembre de 1995.

el contradictorio "comportamiento del gobierno mexicano" durante el proceso de diálogo y con relación a los derechos de los pueblos indios. En la mesa de diálogo, declararon, los representantes del gobierno "se oponen ferozmente a nuestras aspiraciones y propuestas, y pretenden reducir nuestras demandas a la formalización del reconocimiento de derechos limitados y fragmentados de poco impacto, que en casi nada modificarían la situación actual de exclusión, opresión y discriminación a nuestros pueblos". Fuera de la mesa del diálogo, mientras habla de paz, el gobierno incrementa la presencia militar y policiaca en la selva chiapaneca y en las regiones indígenas de todo el país, al tiempo que "ha optado por desatar una guerra de baja intensidad en contra de los hermanos indígenas de Chiapas" y del resto del país. Por tal motivo, los participantes en la IV Asamblea exigieron al gobierno el cese de la "guerra contra nuestros pueblos", así como la desmilitarización.

Los delegados allí reunidos acordaron objetivos a corto plazo, siguiendo los acuerdos de la asamblea de Oaxaca: emprender "una gran Campaña Nacional de Alfabetización por la Autonomía y los Derechos Indios"; "promover acciones orientadas a la constitución de autonomías de hecho"; "continuar profundizando y enriqueciendo la discusión y la reflexión" en torno a las reformas constitucionales para "el establecimiento de un Régimen de Autonomía Regional", y avanzar en el "proyecto de Ley de Derechos de los Pueblos Indios". También reafirmaron la gran meta de mediano o largo plazo: seguir luchando "hasta lograr el reconocimiento constitucional y la plena vigencia de nuestro derecho a la libre determinación que se concreta en la autonomía".

En la primavera de 1996, se realizó en Chilapa (Guerrero) la V Asamblea de la ANIPA. Esta sesión estuvo precedida por varias reuniones indígenas en el estado, como la del Foro Estatal de Autonomía Indígena. En este foro, el Consejo Guerrerense 500 Años propuso a los representantes indígenas la creación de "cuatro regiones autónomas en el estado", que serían: 1] la Región de La Montaña-Costa Chica, en los municipios de Xochistlahuaca y Tlacoachistlahuaca; 2] la Región del Alto Balsas, en la zona Centro y Norte; 3] la Región de La Montaña, en los municipios de Acatepec, Malinaltepec, Zapotitlán Tablas, San Luis Acatlán y Metlatónoc, y 4] la Región Hueycatenango.[50] También se manifestaron por una remunicipalización y por la creación de municipios autónomos.[51]

En esta quinta reunión de la ANIPA, los más de 350 delegados e invitados aprobaron la última versión de la iniciativa (que propone reformar y adicionar los artículos 3, 4, 14, 18, 41, 53, 73, 115 y 116 de la Constitución general). Ésta incorporaba los resultados de las últimas discusiones realizadas en otros foros, así como "los elementos centrales de los Acuerdos de San Andrés entre el EZLN y el Gobierno Federal".[52] Los delegados declararon que vigila-

[50] Cf., *La Jornada*, México, 19 de enero de 1996, p. 24.

[51] Incluía la demanda de un ayuntamiento mixteco, denominado Rancho Nuevo Democracia, en el municipio de Tlacoachistlahuaca; la comunidad tlapaneca de El Rincón, en el municipio de Maninaltepec; en Hueycatenango, región nahua del municipio de Chilapa; en Potoichán, comunidad mixteca con 15 anexos del municipio de Copanatoyac, y en Mixtecapa, municipio de San Luis Acatlán. Véase *La Jornada*, 31 de enero de 1996.

[52] Cf. ANIPA, "Proyecto de iniciativa para la creación de las regiones autónomas", en *La autonomía de los pueblos indios*, *op. cit.*

rían "que el gobierno federal cumpla sus compromisos de hacer reformas a fondo del actual Estado centralista y excluyente, para que se reconozcan e incorporen en nuestra carta magna y en las leyes reglamentarias correspondientes los derechos de nosotros los indígenas".[53] Asimismo, reafirmaron su rechazo a la militarización de las regiones indígenas. También se pronunciaron en contra del neoliberalismo, que propició la contrarreforma al artículo 27 de la Constitución y "anuló los derechos agrarios de los indígenas y campesinos". Exigieron su cancelación y nuevos cambios "para garantizar simultáneamente a los pueblos el control, uso y disfrute de sus territorios y tierras".

En las asambleas subsecuentes de la ANIPA se discutieron los mecanismos para impulsar el proyecto autonómico,[54] así como las acciones inmediatas para presionar al gobierno federal a cumplir los "acuerdos mínimos" firmados en San Andrés.

EL DIÁLOGO DE SAN ANDRÉS

El 9 de febrero de 1995, el presidente Ernesto Zedillo ordenó un operativo policiaco-militar en contra del EZLN, que a los pocos días tuvo que suspender, como en el caso de su antecesor, ante las

[53] Véase, ANIPA, *Declaración final de la V Asamblea Nacional Indígena Plural por la Autonomía*, ms., Chilapa, 1996.

[54] En la VI Asamblea de la ANIPA, realizada los días 10 y 11 de septiembre de 1997, en el Museo de la Ciudad de México, se acordó mantener su estructura asambleísta y crear una Agrupación Política Nacional, de acuerdo con el Código Federal de Instituciones y Procesos Electorales. La APN sería parte de la ANIPA.

movilizaciones de la sociedad civil y la exigencia de la opinión pública de retornar a la vía del diálogo. Aunque el 9 de abril se reiniciaron las pláticas entre el gobierno federal y el EZLN, en el ejido de San Miguel, el régimen siguió apretando el cerco militar en torno a las fuerzas zapatistas.

Posteriormente, la sede del diálogo se trasladó al municipio de San Andrés. En su sexta sesión, celebrada el 11 de septiembre de 1995 en San Andrés Larráinzar, las representaciones del EZLN y del gobierno federal acordaron las bases para el diálogo y la negociación. Entre los puntos convenidos se encuentra la instalación consecutiva de cuatro mesas de trabajo, en las que se abordarían los temas políticos, económicos, sociales y culturales que dieron origen al conflicto en Chiapas. Las mesas acordadas fueron: 1] Derechos y Cultura Indígena, 2] Democracia y Justicia, 3] Bienestar y Desarrollo, y 4] Derechos de la Mujer en Chiapas.[55] Cada una de estas mesas se dividiría en subtemas, con sus respectivos grupos de trabajo.[56] También se acordó la participación de invitados y asesores de ambas partes en las mesas y en los grupos de trabajo,[57] así como la inclusión en el diálogo de los temas nacionales, además de los de carácter regional y estatal.

[55] También se incluyeron otras tres mesas, que seguirían en orden a las arriba señaladas: la quinta, Distensión Integral y Cese de Hostilidades; la sexta, Conciliación entre los Distintos Sectores de la Sociedad Chiapaneca, y séptima, Participación Social y Política del EZLN.

[56] *Proyecto de resolutivo sobre las mesas*, ms., San Andrés, 10 de septiembre de 1995.

[57] Las mesas y los grupos de trabajo deberían integrarse por las delegaciones de las partes, acompañadas de los respectivos asesores e invitados, y la participación de la Comisión Nacional de Intermediación (Conai) y la Comisión Nacional de Concordia y Pacificación (Cocopa).

Este último punto sería motivo de constantes conflictos entre las partes.

La primera mesa de trabajo sobre Derechos y Cultura Indígena incluía cuatro subtemas con sus respectivos grupos de trabajo, que originalmente eran: 1] Reconocimiento de derechos de los indígenas; 2] Garantías de justicia a los indígenas; 3] Participación y representación política de los indígenas, y 4] Situación, derechos y cultura de la mujer indígena. La delegación del EZLN no quedó satisfecha, pues había propuesto que se incluyeran otros subtemas, como autonomía indígena, derecho a la información y cultura indígena. Después de largas deliberaciones, la delegación gubernamental admitió la inclusión de esos subtemas, pero insistió en acotarlos, proponiendo que se denominaran "comunidad y autonomía indígenas", y "preservación y desarrollo de la cultura indígena". En razón de estas divergencias, quedó pendiente la definición los grupos de trabajo de la primera mesa.

En la séptima sesión de San Andrés quedó aprobado el Reglamento para el Funcionamiento de las Mesas y Grupos de Trabajo, en el que se estableció, entre otros puntos, que en la Plenaria se negociarían "los compromisos que integrarán el Acuerdo de Concordia y Pacificación con Justicia y Dignidad", y acordarían "las propuestas conjuntas que las Partes se comprometen a enviar a las instancias de debate y decisión nacional".[58] Esto es, el EZLN logró que el gobierno asumiera que los pronunciamientos y las propuestas conjuntas de carácter nacional, previa negociación, fueran compromisos de las par-

---

[58] Véase el artículo 20 del *Reglamento para el funcionamiento de las mesas y grupos de trabajo*, ms., San Andrés, 3 de octubre de 1995.

tes. Pero esto tendría ciertas limitaciones, pues los compromisos no obligaban a otras instancias de decisión nacional, como los poderes legislativo y judicial, ni a los partidos políticos.

También se resolvió, entre otros puntos: a] La fecha de inicio de la Mesa 1: Derechos y Cultura Indígena, para el día 17 de octubre de 1995. b] La desagregación de la mesa en seis subtemas con sus respectivos grupos de trabajo: 1] Comunidad y autonomía: derechos indígenas, 2] Garantías de justicia a los indígenas, 3] Participación y representación política de los indígenas, 4] Situación, derechos y cultura de la mujer indígena, 5] Acceso a los medios de comunicación y 6] Promoción y desarrollo de la cultura indígena. c] Los subtemas de cada grupo de trabajo serían desglosados, de manera enunciativa y no limitativa, en varios apartados que se referían a asuntos que, en principio, tenían que ver con cada subtema.[59] d] El número de asesores e invitados de las partes.[60]

Este formato le dio facultad al EZLN para convocar a asesores e invitados de todo el país, lo que le imprimió una dimensión nacional al diálogo, no sólo por la representatividad de la delegación zapatista (alrededor de 130 asesores y 120 invitados, en su mayoría dirigentes indígenas de diversas organizaciones, comunidades y pueblos de distintos estados del país, además de intelectuales y especialis-

[59] Véase *Resolutivos acordados por las delegaciones del gobierno federal y el EZLN sobre desagregación del tema, número de invitados, sede y tiempos de la mesa y grupos de trabajo de Derechos y Cultura Indígena*, ms., San Andrés, 3 de octubre de 1995.

[60] En cuanto al número de asesores, se acordó que no habría límite; en cambio, el número de invitados sería de 20 por cada subtema y su correspondiente grupo de trabajo.

tas en el tema), sino también por los planteamientos y las soluciones que éstos expusieron. Al respecto, en el marco de los trabajos de la Mesa 1, el EZLN declaró: "el diálogo nacional ya ha iniciado".[61] La apertura del diálogo nacional, insistieron los zapatistas, "es responsabilidad de todos".[62]

Un gran número de dirigentes y autoridades indígenas que habían pasado por el proceso de construcción de la iniciativa de autonomía de la ANIPA fueron convocados por el EZLN a participar como parte de su cuerpo de asesores e invitados. Esta oportunidad les permitió poner a prueba la propuesta de autonomía, la cual se convirtió en uno de los ejes de la discusión, principalmente en el grupo de trabajo 1, que tenía como subtema "Comunidad y autonomía: derechos indígenas".[63] Uno de los resultados inesperados de los trabajos de ese grupo fue que la gran mayoría de los invitados indígenas del gobierno federal, al hacer uso de la palabra, criticaron la política de su invitante; además, se identificaron con las demandas y propuestas de los invitados y asesores del EZLN, e incluso se adhirieron abiertamente a las demandas de autonomía y

---

[61] *Comunicado del CCRI-CG del EZLN*, ms., San Cristóbal de Las Casas, 20 de octubre de 1995.

[62] *Comunicado del CCRI-CG del EZLN*, ms., San Andrés Sacam Ch'en de los Pobres, 22 de octubre de 1995.

[63] De acuerdo con las disposiciones del reglamento, en la primera fase de cada una de las mesas se debía privilegiar "la participación de los invitados" de ambas partes; asimismo, se debían identificar "los puntos de convergencia, divergencia y consenso sobre las formas posibles de resolver los problemas correspondientes" a los temas de cada grupo de trabajo. A partir de ello, elaborarían el documento síntesis, con el que se iniciaría la segunda fase. Véanse los artículos 14 y 17 del *Reglamento para el funcionamiento de las mesas y grupos de trabajo, op. cit.*

de reformas al artículo 27 constitucional que fueron planteadas por la parte zapatista. Ante lo evidente, el gobierno hubo de admitir que en el documento síntesis de la primera fase,[64] se incluyeran la dimensión nacional del tema, así como los importantes consensos y coincidencias entre los invitados de ambas partes, especialmente en lo relativo a la autonomía.

En efecto, en un hecho insólito, en el primer documento síntesis que resultó del grupo de trabajo "Comunidad y autonomía", las delegaciones del EZLN y del gobierno federal convinieron en que las intervenciones de los participantes se refirieron a la autonomía "en el contexto de una crítica al sistema político y social prevaleciente, en especial al sistema de partido de Estado, así como a la política económica neoliberal aplicada por el gobierno". En la solución a los problemas de los pueblos indios, se agregaba, la autonomía se perfiló "como el camino para iniciar una nueva relación de los pueblos indígenas con el Estado", por medio de una reforma profunda de éste y del establecimiento de un nuevo marco constitucional que "asegure el derecho a la autonomía en la Constitución como un derecho pleno, para luego reglamentarlo, tomando en cuenta las distintas particularidades".[65]

---

[64] Los trabajos de cada una de las mesas del diálogo, según se establece en el reglamento, debían realizarse en tres fases. En la Mesa titulada "Derechos y Cultura Indígenas", la primera fase se realizó en San Cristóbal de las Casas del 18 al 22 de octubre de 1995; la segunda fase en San Andrés del 13 al 18 de noviembre del mismo año, y la tercera fase en San Andrés, en febrero de 1996. Al término de esta fase se firmaron los primeros acuerdos.

[65] EZLN-Gobierno Federal, *Síntesis de la primera sesión.* Grupo 1, ms., San Andrés Larráinzar, Chiapas, 19 de octubre de 1995.

En la síntesis complementaria se reafirmaba que "sin una reorientación de la política económica, sin un reforzamiento del gasto social, sin una reforma profunda y consensada del marco constitucional y político en su conjunto, la autonomía carece de sustento". Asimismo, se "planteó rescatar el espíritu original del artículo 27 de la Constitución de 1917, no sólo en relación a las tierras comunales, ejidales y las pequeñas propiedades, sino a los territorios y al usufructo de los recursos naturales".[66]

Analizando el proceso y los resultados de esta primera fase, Armando Bartra señaló que "admitida por unanimidad la urgencia de reconocer los derechos de los pueblos indios, el eje del debate se ubicó en las modalidades de la autonomía. Se manejaron al respecto dos posiciones: la que defiende el Instituto Nacional Indigenista (INI), y la que impulsa la Asamblea Nacional India Plural por la Autonomía (ANIPA). Ninguna de las dos está acabada, y a mi juicio ambas tienen aspectos positivos. Hay sin embargo diferencias fundamentales: la propuesta de ANIPA ha sido consensada en tres multitudinarias reuniones nacionales indígenas; la del INI proviene de un seminario respetable pero intimista."[67]

Habría que advertir que la propuesta del INI recogía algunos planteamientos del movimiento autonomista en cuanto a la necesidad de reformar los artículos 4 y 115 constitucionales, y otros puntos. Pero estos cambios que ofrecía el indigenismo ofi-

[66] EZLN-Gobierno Federal, *Síntesis de la segunda sesión*, Grupo 1, ms., San Andrés Larráinzar, Chiapas, 20 de octubre de 1995.

[67] Armando Bartra, "No podemos hablar con palabras blandas", en *La Jornada del Campo*, México, 1 de noviembre de 1995, p. 2.

cial no implicaban modificaciones sustanciales del opresivo y antidemocrático entorno nacional: en el artículo 4o. se introducían algunos agregados a la reforma salinista y en el artículo 115 se prometía reconocer la personalidad jurídica de la comunidad. En el marco de la segunda fase del diálogo, el INI dio a conocer una nueva versión de su propuesta, en la que "se apropiaba sugerencias contenidas en la propuesta de la ANIPA", además de los artículos constitucionales a reformar, pero adaptándolos "a su propio enfoque neoindigenista". Por ejemplo, "la iniciativa de la ANIPA incluye el reconocimiento de la personalidad jurídica de las regiones autónomas, y de las comunidades y municipios autónomos que la integren"; la propuesta del INI resalta el reconocimiento de la comunidad como "entidad de derecho público" y ámbito de la autonomía. Asimismo, mientras en la iniciativa de la ANIPA y en los planteamientos teóricos de la autonomía regional se sugiere construir "un *cuarto piso regional* como parte del sistema vertical de poderes de un nuevo federalismo autonómico", el INI retoma la idea para proponer un *cuarto piso comunal*.[68] Esto es, el INI pretendía reducir la demanda de autonomía sólo al ámbito comunal.

Ahora bien, en la segunda fase de la mesa uno, el cuerpo de asesores e invitados del EZLN en el grupo de trabajo "Comunidad y autonomía" estuvo discutiendo y consensando la propuesta de autonomía que los delegados zapatistas presentaron a la parte gubernamental.[69] La propuesta acordada por

[68] Para un análisis más detallado véase Héctor Díaz-Polanco, *La rebelión zapatista y la autonomía*, México, Siglo XXI, 1997, capítulo X.
[69] *Ibid.*, p. 138.

aquéllos plantea la necesidad de hacer una reforma profunda del Estado y de la Constitución de la República. Las reformas a la carta magna deben contemplar el reconocimiento del derecho a la autonomía de los pueblos indios y los elementos constitutivos del régimen autonómico, como son: la base territorial y jurisdiccional de las entidades autónomas; los órganos de gobierno propio o autogobierno, y las competencias y funciones de estos entes autónomos.

En cuanto a las características de lo que conformaría el sistema de las autonomías mexicanas, se propuso:

1] La creación de las Regiones Autónomas como un nuevo ente territorial "con personalidad jurídica y forma de organización político-administrativa, así como patrimonio propio". Internamente, las regiones autónomas podrían constituirse por la agrupación "de municipios, comunidades o pueblos indios y no indios, y según la composición interna de su población podrían ser pluriétnicas o monoétnicas".[70] Las regiones autónomas, entonces, son concebidas como una cuarta instancia en la organización territorial del Estado, junto a la federación, los estados y los municipios.

2] Establecer el principio de simultaneidad para el ejercicio de la autonomía en sus tres niveles internos: regional, municipal y comunal. Para garantizar su carácter autónomo debe quedar explícitamente reconocida en la Constitución la existencia de los órganos de gobierno de las regiones,

[70] Véase *Bases que presentan los integrantes del grupo de redacción a la plenaria de las partes en relación con el tema Comunidad y Autonomía de la mesa 1 "Derechos y Cultura Indígena"*, ms., San Andrés, 17 de noviembre de 1995, p. 3.

municipios y comunidades; garantizar la representación y participación de los pueblos indígenas en los órganos de gobierno correspondientes, y sujetar dichos órganos de gobierno a las necesidades, intereses y decisiones adoptadas por los indígenas en sus asambleas, consejos comunitarios, etcétera.

Las razones por las que se establecen los tres niveles de gobierno autónomo son, por una parte, que las regiones estarían constituidas en su mayoría por municipios y comunidades o pueblos, los que deberán también gozar de las prerrogativas autonómicas; por otra, que existe una diversidad de experiencias, condiciones y perspectivas en las distintas regiones indígenas. Es decir, un gran número de pueblos indios está reclamando la autonomía regional y podría ejercerla prácticamente de manera inmediata; otros se plantean también la autonomía regional como un reclamo central, aunque consideran que por el momento estarían en condiciones de acceder al municipio autónomo, como paso previo al regional; otros más tienen como meta constituirse en regiones autónomas, pero consideran que "por ahora" deben fortalecer la autonomía comunal. De modo que, una vez establecido en la Constitución el marco general del régimen de autonomía en sus tres niveles, los pueblos indios tendrían la libertad de unirse, organizarse y articularse en regiones autónomas, municipios autónomos o comunidades autónomas, según sus circunstancias y avances organizativos.

3] Asentar que las competencias (potestades o funciones) que se transfieran "de la Federación y los estados a las instancias autónomas" sean en materia política, administrativa, económica, social, cultural, educativa, medios de comunicación, judicial, agraria, de manejo de recursos y de protección y conservación de la naturaleza. En el documento se especifican algunas de esas competencias: *a*] "reglamentar el uso, preservación, aprovechamiento, control y defensa de sus territorios y recursos naturales"; *b*] "formular y llevar a cabo programas de desarrollo económico, social, cultural y educativo, así como elaborar y aplicar las políticas públicas en su jurisdicción, previa expresión de los consensos correspondientes"; *c*] "regular el ejercicio del gasto y los servicios públicos de la Federación y los estados, además de los ingresos propios, en los ámbitos de la autonomía, y vigilar su debido cumplimiento".[71]

En lo referente a la reforma del Estado, la propuesta de los asesores e invitados plantea que aquélla debe sustentarse en nuevos principios, cuya incorporación a la carta magna es esencial, tales como:

1] La configuración de una nueva entidad territorial –los entes autónomos– como parte de la organización jurídica y política del Estado, junto a las otras instancias que lo constituyen (federación, estados y municipios).

2] Una descentralización política, administrativa y de los recursos que haga efectivo el ejercicio de las potestades otorgadas (con la descentralización) a cada una de las instancias de la federación, incluidos los entes autónomos. Esto implica la renovación del pacto federal.

3] El establecimiento de equilibrios justos en los aspectos económico, político, cultural, jurídico y fiscal entre las diversas entidades territoriales (federación, estados, municipios y regiones autónomas).

[71] *Ibid.*, p. 4.

En suma, la descentralización político-administrativa es lo que justifica la creación de nuevas entidades territoriales, como son las regiones autónomas, a fin de dar respuesta a los derechos de los pueblos indios.[72] Pero, como se puede apreciar, tal descentralización no sólo beneficiaría a los indígenas, como sujetos autonómicos, sino también al resto de la población.

Esta propuesta de los invitados y asesores del EZLN fue asumida por los zapatistas como propia, y también fue refrendada por los delegados indígenas que participaron en el Foro Nacional Indígena, celebrado en San Cristóbal de Las Casas del 3 al 8 de enero de 1996. El Foro fue convocado por el EZLN, con el concurso de la Comisión de Concordia y Pacificación (Cocopa) y de la Comisión Nacional de Intermediación (Conai). Efectivamente, en congruencia con los planteamientos anteriores, en el documento final del foro mencionado se concluyó:

La autonomía es la demanda central que resume el espíritu que rige todas las propuestas que se han presentado en este Foro, como el instrumento estratégico que permite la expresión concreta de nuestro derecho a la libre determinación. Éste implica el reconocimiento político, jurídico y práctico de la existencia misma de los pueblos indios, a través de un régimen de autonomía mandatado por la Constitución y la Ley Orgánica de las Autonomías.

La autonomía es una distribución de competencias entre distintos ámbitos de gobierno, que van desde la comunal, municipal y regional y debe ser concebida como una diversidad de modelos y niveles de acuerdo a las

[72] Véase EZLN, "Propuesta general de los asesores del EZLN", en *Ce-Ácatl. Revista de la Cultura de Anáhuac*, núms. 74-75, México, diciembre de 1995, pp. 21-33.

necesidades y condiciones de cada pueblo, integrando el derecho a la territorialidad, al autogobierno, al ejercicio pleno de nuestros sistemas jurídicos, al desarrollo económico, social y cultural y el control de nuestra seguridad interna.[73]

ACUERDOS Y COMPROMISOS DE SAN ANDRÉS

La propuesta de la parte zapatista testificaba el grado de elaboración de la demanda de autonomía que había alcanzado el movimiento indígena nacional y puso en evidencia las carencias de la parte gubernamental. Ésta mostró desde la primera fase que no tenía propuestas de fondo, salvo la inicial intención de reglamentar el artículo 4o. de la Constitución. Después, la parte oficial fue elaborando su propuesta, reactivamente, en función de la EZLN. Al final, recogió algunos planteamientos generales de los zapatistas, pero sustrayéndoles sus componentes fundamentales. A fuerza de negarse a discutir y a admitir la sustancia de la autonomía, la delegación gubernamental hizo todo lo posible para comprometerse sólo con algunas medidas y acciones que no significaran cambios en la estructura del Estado y del sistema político y económico; esto es, que no implicaran una nueva distribución del poder del Estado, la descentralización político-administrativa ni la equidad política, económica, etc., entre las diversas entidades territoriales del país.

[73] Véanse el "Documento Final: Planteamientos Generales" y los "Resolutivos de la Mesa 1. Comunidad y autonomía: derechos indígenas (5 de enero de 1996)", del Foro Nacional Indígena, en *Ce-Ácatl. Revista de la Cultura de Anáhuac*, núms. 76-77, México, 25 de enero de 1996.

El 16 de febrero de 1996, las delegaciones del EZLN y del gobierno federal firmaron los primeros acuerdos y compromisos, correspondientes a la mesa sobre Derechos y Cultura Indígena. De conformidad con las reglas de procedimiento del diálogo de San Andrés, resultaron los siguientes documentos: uno de pronunciamientos y otro de propuestas conjuntas del gobierno federal y del EZLN sobre temas nacionales; y uno más de compromisos y propuestas conjuntas para Chiapas (del gobierno del estado, el federal y el EZLN). A éstos habría que agregar un pronunciamiento de reservas del EZLN, que se refiere a las demandas de los pueblos indígenas que el gobierno federal se negó a aceptar.

En los documentos 1 y 2, sobre pronunciamientos y propuestas conjuntas de carácter nacional, se establece el compromiso de construir un nuevo pacto social en el marco de una nueva relación entre los pueblos indígenas, la sociedad y el Estado, que implica: *a*] la creación de un nuevo marco jurídico con base en el reconocimiento del derecho de los pueblos indígenas a la libre determinación; *b*] "reformas y adiciones a la Constitución Federal y a las leyes que de ella dimanan, así como a las constituciones estatales y disposiciones jurídicas de carácter local", y *c*] una profunda reforma del Estado.

En principio, el eje de las reformas constitucionales y del Estado debían fundarse en el reconocimiento del derecho de los pueblos indígenas a la autonomía como "la expresión concreta del ejercicio del derecho a la libre determinación". Sin embargo, tal derecho fue objeto de limitaciones apreciables, pues en las propuestas y acciones acordadas no se concretaron los contenidos fundamentales de la autonomía, como son las cuestiones relativas a la territorialidad, autogobiernos, jurisdicción, competencias y facultades de los entes autónomos.

Pero veamos en qué consisten los acuerdos y compromisos que el EZLN logró arrancar al gobierno federal:

1] El reconocimiento en la Constitución general del derecho de los pueblos indígenas a la libre determinación y a la autonomía. Este derecho "se ejercerá en un marco constitucional de autonomía" que consiste, de acuerdo con el punto 5.2 del documento 1, en el "reconocimiento en la legislación nacional de las comunidades como entidades de derecho público, el derecho a asociarse en municipios con población mayoritariamente indígena, así como el derecho de varios municipios para asociarse, a fin de coordinar sus acciones como pueblos indígenas".[74]

Éstos serían los "ámbitos y niveles" en que "harán valer y practicarán su autonomía" los pueblos indígenas.[75] No se acordó la creación de nuevas entidades territoriales autónomas ni, por tanto, se establecen gobiernos autónomos comunales, municipales o regionales. Para dejar ello en claro, en los acuerdos se afirma que los órdenes de gobierno del Estado mexicano son los ya existentes: el federal, el estatal y el municipal. Aunque se acuerda el reconocimiento del derecho a la autonomía, ésta no se expresa como un régimen político-territorial, con sus ámbitos y niveles de gobierno autónomo.

En general, los acuerdos se refieren al reconocimiento de determinados derechos de los pueblos indígenas (formas específicas de organización, sistemas normativos internos, uso y disfrute de los

[74] *Documento 1: Pronunciamiento conjunto que el gobierno federal y el EZLN enviarán a las instancias de debate y decisión nacional*, ms., San Andrés, 16 de febrero de 1996, p. 7.

[75] *Ibid.*, p. 6.

recursos naturales, nombramiento de autoridades, designación de representantes comunitarios y municipales, promoción y desarrollo de sus lenguas y culturas) y su ejercicio en los ámbitos comunal y municipal, así como a la participación y representación política de los pueblos en el municipio y en los congresos estatal y nacional. En relación con esto último, no se especifica cómo se garantizará la representación política de los pueblos indígenas en los congresos, salvo la indicación de ordenar "nuevos criterios en la delimitación de los distritos electorales que correspondan a las comunidades y pueblos indígenas".[76]

2] Se conviene la "integración del municipio con población mayoritariamente indígena", advirtiendo que no se trata de "un tipo diferente de municipio" sino de su "fortalecimiento", con el fin de permitir y fomentar la participación indígena en la composición e integración del municipio y de los ayuntamientos. Para ello, se acuerda reformar el artículo 115 de la Constitución.[77] Asimismo, se establece que para fortalecer el municipio es "conveniente prever a nivel constitucional los mecanismos necesarios" que garanticen: a] la participación de los pueblos indígenas "en los procesos electorales sin la necesaria participación de los partidos po-

---

[76] *Documento 2: Propuestas conjuntas que el gobierno federal y el* EZLN *se comprometen a enviar a las instancias de debate y decisión nacional, correspondientes al punto 1.4 de las Reglas de Procedimiento,* ms., San Andrés, 16 de febrero de 1996.

[77] *Documento 2: Propuestas conjuntas...,* op. cit. En el *Documento 1,* punto 5.4, se indica que el gobierno federal se compromete a impulsar la reforma del artículo 115, para que "se garantice la participación de las comunidades indígenas en la integración de los ayuntamientos y de los municipios mayoritariamente indígenas en los asuntos públicos".

líticos", así como en "la difusión y vigilancia de dichos procesos"; *b*] "la organización de los procesos de elección o nombramiento propios de las comunidades o pueblos indígenas en el ámbito interno"; *c*] el reconocimiento de "las figuras del sistema de cargos y otras formas de organización, métodos de designación de representantes, y toma de decisiones en asamblea y de consulta popular", y *d*] que "los agentes municipales o figuras afines sean electos o, en su caso, nombrados por los pueblos y comunidades correspondientes".[78]

Por otra parte, se acuerda que "deberá llevarse a cabo la transferencia paulatina y ordenada de facultades, funciones y recursos a los municipios y comunidades para que, con la participación de estas últimas, se distribuyan los fondos públicos que se les asignen".[79] Aparte de la referencia a la distribución de fondos públicos, no se especifican el tipo y los alcances de las facultades y funciones que serían transferidas, ni los tiempos de la transferencia. En todo caso, se deja la cuestión en manos de las legislaturas de los estados, que serán las que determinen "las funciones y facultades que pudieran" transferirse.[80]

Las comunidades podrán concertar "la unión de esfuerzos y coordinación de acciones para la optimización de sus recursos, en el impulso de proyectos de desarrollo regional".[81] Esto es, las comunida-

---

[78] *Documento 2: Propuestas conjuntas...*, *op. cit.*, pp. 5-6.

[79] *Ibid.*, p. 10.

[80] *Documento 1: Pronunciamiento conjunto...*, *op. cit.*, p. 7. El *Documento 2*, punto IV.4, establece: "En cuanto a los recursos, y para el caso que existan, se podrán transferir a las formas de organización y asociación previstas en el punto 5.2 del Pronunciamiento conjunto."

[81] *Documento 1...*, p. 5.

des y pueblos indígenas podrán unirse para coordinar acciones regionales de carácter autogestivo,
pero no para constituir alguna forma de gobierno
regional. De igual manera se concibe la asociación
de municipios mayoritariamente indígenas: sólo
para coordinar acciones autogestivas. Para ciertos
fines, este tipo de asociaciones ya está previsto en
el artículo 115 constitucional.

3] Se "promoverá que el derecho positivo mexicano reconozca las autoridades, normas y procedimientos de resolución de conflictos internos, enten-
diéndose por esto los conflictos de convivencia
interna de los pueblos y comunidades, para aplicar
justicia sobre la base de sus sistemas normativos
internos" y que "sus juicios y decisiones sean con-
validados por las autoridades jurisdiccionales del
Estado". Asimismo, se reconocerán "espacios jurisdiccionales a las autoridades designadas en el seno
de las comunidades, pueblos indígenas y municipios, a partir de una redistribución de competencias
del fuero estatal, para que dichas autoridades estén
en aptitud de dirimir las controversias internas de
convivencia". Para "garantizar el efectivo acceso de
los pueblos indígenas" a la jurisdicción del Estado,
se plantea la necesidad de una "profunda revisión
del marco jurídico federal y estatal", así como impulsar "la inserción de las normas y prácticas jurídicas de las comunidades" para que se tomen en
consideración en los juicios federales y locales en
que los indígenas sean parte.[82] Igualmente, se
acuerda que en la carta magna se tipifique la discriminación como delito.[83]

[82] *Documento 2, op. cit.*, pp. 6-7.
[83] *Ibid.*, p. 12.

4] En materia cultural, educativa y de medios de comunicación, el gobierno federal se compromete a promover "el derecho de todos los mexicanos a una educación pluricultural"; que "las lenguas indígenas de cada estado tengan el mismo valor social que el español"; que la enseñanza de la lecto-escritura sea en los idiomas indígenas; el respeto al "quehacer educativo de los pueblos indígenas dentro de su propio espacio cultural", y "la participación de las comunidades y pueblos indígenas para seleccionar, ratificar y remover a sus docentes". Se ratifica "el derecho a la educación bilingüe e intercultural". También se prevé que deberá asegurarse el derecho de los pueblos indígenas a la protección de sus "sitios sagrados y centros ceremoniales, y al uso de plantas y animales considerados sagrados de uso estrictamente ritual".[84]

Queda convenido que se "propondrá a las instancias nacionales respectivas la elaboración de una nueva ley de comunicación que permita a los pueblos indígenas adquirir, operar y administrar sus propios medios de comunicación".[85] Adicionalmente, el gobierno federal "recomendará a las instancias respectivas que las 17 radiodifusoras del INI sean entregadas a las comunidades indígenas de sus respectivas regiones, con la transferencia de permisos, infraestructura y recursos". Se acepta

[84] *Ibid.*, pp. 7-9.
[85] Véase *Documento 2, op. cit.*, punto III.8, sobre Medios de Comunicación. En este punto se plantea también la necesidad de "un nuevo marco jurídico en materia de medios de comunicación que considere los siguientes aspectos: la pluriculturalidad nacional; el derecho al uso de las lenguas indígenas en los medios; el derecho de réplica; garantías a los derechos de expresión, información y comunicación; la participación democrática de las comunidades y pueblos indígenas ante las instancias de decisión en materia de comunicación".

también la creación del *ombudsman* "de la comunicación o del Consejo ciudadano de la comunicación".

5] Se acuerda que será consultado con los pueblos indígenas lo relativo a "políticas, leyes, programas y acciones públicas" que les afecten.[86] Asimismo, se estima necesario "incorporar en las legislaciones local y federal los mecanismos idóneos que propicien la participación de los pueblos indígenas en la planeación del desarrollo en todos los niveles; en forma tal que ésta se diseñe tomando en consideración sus aspiraciones, necesidades y prioridades".[87]

6] En relación con el territorio y los recursos naturales, se pacta reconocer en la legislación federal y estatal: *a*] el derecho de los indígenas a "acceder de manera colectiva al uso y disfrute de los recursos naturales, salvo aquellos cuyo dominio directo corresponda a la Nación"; *b*] el "derecho de los pueblos indígenas al uso sostenible y a todos los beneficios derivados del uso y aprovechamiento de los recursos naturales de los territorios que ocupan o utilizan alguna manera"; *c*] la protección e integridad de las tierras de los grupos indígenas, tomando en consideración "el concepto de integridad territorial contenido en el Convenio 169 de la OIT"; *d*] la prioridad de "las comunidades indígenas en el otorgamiento de concesiones para obtener los beneficios de la explotación y aprovechamiento de los recursos naturales"; *e*] el "derecho de los pueblos y comunidades indígenas a recibir la indemnización correspondiente cuando la explotación de los recursos naturales que el Estado realice ocasione daños en su hábitat que vulneren su reproducción cultu-

---

[86] *Ibid.*, punto IV.4.
[87] *Ibid.*, punto II.5, inciso *d*.

ral". Cuando el daño ya se hubiera causado, se establecerán mecanismos de revisión y compensación. Asimismo, se pacta "impulsar, de común acuerdo con los pueblos indígenas, acciones de rehabilitación de esos territorios".[88]

El EZLN aceptó formalizar con el gobierno federal los compromisos y acuerdos sobre "Derechos y Cultura Indígena", pero fue categórico al señalar que se trataba de "acuerdos mínimos". Si bien se había logrado el reconocimiento de algunos de los derechos de los pueblos indios, se dejaban sin solución diversos reclamos fundamentales, como el problema agrario nacional, el reconocimento jurídico de las autonomías locales y regionales, y las demandas de derecho a la información, justicia y derechos de la mujer indígena.[89] En consecuencia, las bases zapatistas se manifestaron por:

Hacer un pronunciamiento del EZLN y los asesores, sobre las demandas que no han sido resueltas y que corresponden a los resultados de las fases 1 y 2 de la Mesa de "Derechos y Cultura Indígena" y el Foro Nacional Indígena, y que el EZLN se compromete a mantener como propias y a seguir luchando por su solución.[90]

También propusieron que a través del Foro Nacional Indígena se creara un movimiento que exi-

---

[88] Cf. *Documento 1*, punto 4.2; también, *Documento 2*, puntos: III.6, IV.3 y V.1.

[89] Por tal motivo, los zapatistas consideraron que "el problema de la autonomía sigue pendiente y es necesario insistir en conseguir esta justa demanda indígena". Véase "Resultados de la consulta a las bases zapatistas sobre la Mesa 1 de 'Derechos y Cultura Indígena', Comunicado del CCRI-CG del EZLN, febrero de 1996", en *Convergencia Socialista*, núm. 1, México, julio-agosto de 1997, pp. 43-45.

[90] *Ibid.*, p. 43.

giera el cumplimiento de Acuerdo de San Andrés y se continuara luchando por las demandas pendientes.[91]

En el pronunciamiento conjunto elaborado por el EZLN y su cuerpo de asesores, a solicitud expresa de las bases zapatistas, se advierten las omisiones de los Acuerdos de San Andrés en torno a las demandas centrales de los pueblos indios, y se asienta que la autonomía reclamada por los pueblos indígenas de México consiste en un "régimen que incluye simultáneamente los niveles de la autonomía comunal, municipal y regional", y que debe "incluir el reconocimiento del territorio de los pueblos indígenas y el establecimiento de gobiernos propios".[92]

El Congreso Nacional Indígena (CNI), fundado en la ciudad de México entre el 8 y el 12 de octubre de 1996, fue la instancia mediante la cual se buscó concretar la idea zapatista de promover un movimiento indígena nacional que presionase por el cumplimiento de los Acuerdos de San Andrés. El encuentro para la formación del CNI fue convocado por el Comité Clandestino Revolucionario Indígena-Ejército Zapatista de Liberación Nacional (CCRI-EZLN), el Foro Nacional Indígena, la Asamblea Nacional Indígena Plural por la Autonomía (ANIPA) y otras organizaciones indígenas regionales. Los participantes conminaron a la conversión de los Acuerdos de San Andrés en reformas constitucionales y legales y su traducción en hechos; asimismo, exigieron el reconocimiento de las demandas que no fue-

---

[91] *Ibid.*, p. 45.
[92] Véase EZLN, "El diálogo de San Andrés y los derechos y cultura indígena. Punto y seguido" (febrero de 1996), en *Convergencia Socialista*, núm. 1, México, julio-agosto de 1997, *passim.*

ron incluidas en los "acuerdos mínimos", por las que –declararon– "seguimos y seguiremos luchando".[93] Entre las demandas expuestas por el CNI en su documento final destaca la de la libre determinación que "se ejercerá bajo un régimen de autonomía", lo que –dice– "debe reflejarse en el reconocimiento constitucional de las Regiones Autónomas Pluriétnicas, con personalidad jurídica, gobierno y recursos propios, que no se contrapone sino complementa a las autonomías comunal y municipal".

En suma, el CNI se manifestó por el reconocimiento en la legislación nacional de varios derechos: la autonomía territorial y el uso y aprovechamiento de los recursos naturales; la pluralidad jurídica y el derecho de los pueblos indios a impartir justicia interna según sus propios sistemas y normas jurídicas; la igualdad de la mujer indígena; el patrimonio colectivo, histórico y cultural de los pueblos indios, y al uso, aprovechamiento y control de los medios de comunicación, entre otros.

LA PROPUESTA DE LA COCOPA Y LA INICIATIVA DEL EJECUTIVO

A diez meses de la firma de los acuerdos de febrero de 1996, no se había avanzado en la formulación de propuestas de reformas legales. Fue en este contexto de crisis en el que el EZLN y el gobierno federal aceptaron que la Comisión de Concordia y Pacificación (Cocopa) –comisión plural del Congreso de la

---

[93] Cf. Congreso Nacional Indígena, "Nunca más un México sin nosotros" (declaración final), en *ALAI*, Servicio Informativo, 241 (separata), Quito, 25 de octubre de 1996.

Unión, creada por la ley del 11 de marzo de 1995, para realizar la coadyuvancia del diálogo y la negociación entre las partes– elaborara una propuesta de reformas constitucionales que recogiese los derechos de los pueblos indios incluidos en los documentos signados en San Andrés. El 20 de noviembre de 1996, la Cocopa entregó a las partes una propuesta de reformas que se apegaba a los Acuerdos de San Andrés, aunque dejaba fuera algunos derechos ya convenidos. El EZLN la aceptó sin reparos; en cambio el gobierno la rechazó alegando que tenía objeciones en varios puntos. Desde el principio parecía claro que las impugnaciones del Ejecutivo no tenían otra pretensión que acotar aún más los derechos de los pueblos indios, lo que quedó firmemente confirmado por la iniciativa unilateral de reformas constitucionales que el Ejecutivo federal envió al Congreso el 15 de marzo de 1998.

La propuesta de la Cocopa tenía la virtud de haber sido el resultado de un consenso entre los legisladores de todos los partidos presentes en el congreso que conforman la comisión; además, dicha propuesta contaba con la aprobación del EZLN. En cambio la iniciativa de la Presidencia rompía con el principio de la bilateralidad, que era el espíritu de los acuerdos, y era ostensiblemente sesgada.

Al menos en tres puntos centrales se advierten las diferencias de fondo entre las propuestas aludidas: 1] los sujetos de la libre determinación y la autonomía; 2] el marco de ejercicio de los derechos, y 3] las cuestiones relativas al territorio y los recursos naturales.

Tanto la propuesta de la Cocopa como la iniciativa del Ejecutivo federal incluyen reformas y adiciones a los artículos 4, 18, 26, 53, 73, 115 y 116 de la Constitución general.

En el artículo 4 de la propuesta elaborada por la Cocopa se establece que:

Los pueblos indígenas tienen el derecho a la libre determinación y, como expresión de ésta, a la autonomía como parte del Estado mexicano.

Esta formulación está casi textualmente tomada de los Acuerdos de San Andrés. Por ejemplo, en el *Documento 1*, punto 3.1, se asienta que: "El Estado debe promover el reconocimiento, como garantía constitucional, del derecho a la libre determinación de los pueblos indígenas." Asimismo, se indica que el "derecho a la libre determinación se ejercerá en un marco constitucional de autonomía asegurando la unidad nacional". Por su parte, el *Documento 2*, punto II.3, asienta que la "legislación nacional debe reconocer a los pueblos indígenas como los sujetos de los derechos a la libre determinación y autonomía".[94]

Así, pues, en los Acuerdos de San Andrés se establece con toda claridad que los *pueblos indígenas* son los sujetos del derecho a la libre determinación y a la autonomía, y la propuesta de la Cocopa así lo recoge. En cambio, la iniciativa presidencial pretende introducir en el artículo 4o. constitucional una definición completamente diferente, la que dice:

los pueblos indígenas tienen derecho a la libre determinación; la expresión concreta de ésta es la *autonomía de las comunidades indígenas*.

Esta formulación, mediante una disociación arbitraria, omite a los *pueblos* indígenas como los su-

---

[94] Cf. *Documento 1: Pronunciamiento conjunto...*, y *Documento 2: Propuestas conjuntas..., op. cit.*

jetos de la autonomía, reduciendo este derecho sólo a las *comunidades* indígenas.

Veamos ahora el segundo punto de diferencia entre la iniciativa del Ejecutivo federal y la propuesta de la Cocopa: el marco de la autonomía. La Cocopa propone que se introduzca en la nueva fracción IX del artículo 115 el siguiente párrafo:

Se respetará el ejercicio de la libre determinación de los pueblos indígenas en cada uno de los ámbitos y niveles en que hagan valer su autonomía, pudiendo abarcar uno o más pueblos indígenas [...].

Las comunidades indígenas como entidades de derecho público y los municipios que reconozcan su pertenencia a un pueblo indígena tendrán la facultad de asociarse a fin de coordinar sus acciones.

En el *Documento 2*, punto II.2, de los Acuerdos de San Andrés se señala que en el "nuevo marco constitucional de autonomía se respetará el ejercicio de la libre determinación de los pueblos indígenas en cada uno de los ámbitos y niveles en que la hagan valer, pudiendo abarcar uno o más pueblos indígenas conforme a las circunstancias particulares y específicas de cada entidad federativa". Y el *Documento 1*, punto 5.2, establece que el gobierno federal asume el compromiso de impulsar "el reconocimiento en la legislación de las comunidades como entidades de derecho público, el derecho a asociarse libremente en municipios con población mayoritariamente indígena, así como el derecho de varios municipios para asociarse, a fin de *coordinar sus acciones como pueblos indígenas*".[95]

---

[95] *Documento 1: Pronunciamiento conjunto...*, *op. cit.* Cursivas nuestras.

Como se puede apreciar, la propuesta de la Cocopa se ajusta a lo acordado en San Andrés. En cambio, en la fracción IX del artículo 115 de la iniciativa del Ejecutivo federal se pretende establecer:

En cada Municipio, las comunidades indígenas tendrán derecho a asociarse libremente a fin de coordinar sus acciones para la promoción de su desarrollo económico y social.

[...] los Municipios con población mayoritariamente indígena podrán coordinarse y asociarse para promover su desarrollo.

Aparte de las limitaciones que se advierten en los acuerdos originales por lo que se refiere al régimen de autonomía y en particular al autogobierno, examinadas más arriba, el Ejecutivo quiere ir más abajo, omitiendo el reconocimiento de las comunidades indígenas como entidades de derecho público, y la posibilidad de que los indígenas puedan "asociarse" o coordinarse en tanto pueblos. Según la propuesta del Ejecutivo las comunidades indígenas y los municipios con población mayoritariamente indígena podrán asociarse sólo para la promoción de su "desarrollo". Por lo demás, no hay congruencia entre lo que se declara en el artículo 4o. de la iniciativa gubernamental y lo que propone en el 115. En el primer artículo se reconoce la autonomía de las comunidades indígenas, y en el segundo no se crea el nivel de autonomía correspondiente, es decir, no se reconoce ni siquiera a la comunidad como ámbito de gobierno, con territorio y jurisdicción propios.

Por lo que refiere al tercer punto de diferencias, la propuesta de la Cocopa establece en el artículo 4o. el derecho de los pueblos indígenas a:

Acceder de manera colectiva al uso y disfrute de los recursos naturales de sus tierras y territorios, entendidos éstos como la totalidad del hábitat que los pueblos indígenas usan u ocupan, salvo aquellos cuyo dominio directo corresponde a la Nación.

En los Acuerdos de San Andrés, en el *Documento 2*, punto II.6, inciso d, se destaca el derecho de los pueblos indígenas a "acceder de manera colectiva al uso y disfrute de los recursos naturales, salvo aquellos cuyo dominio directo corresponde a la Nación". En el punto III.6 del mismo documento, se indica que "Se debe buscar el reconocimiento, en el sistema jurídico mexicano, federal y estatal, del derecho de los pueblos indígenas al uso sostenible y a todos los beneficios derivados del uso y aprovechamiento de los recursos naturales de los territorios que ocupan o utilizan de alguna manera..." Asimismo, en la conclusión del *Documento 1*, punto 2, se señala que debe hacerse efectivo "el derecho a su hábitat: uso y disfrute del territorio, conforme al artículo 13.2 del Convenio 169 de la OIT".[96]

En el artículo 4o., inciso V, de la iniciativa gubernamental, se indica:

De acuerdo con las formas y modalidades de propiedad previstas en el artículo 27 de esta Constitución, [los pueblos indígenas] tienen derecho a] acceder de manera colectiva al uso y disfrute de los recursos naturales, salvo aquéllos cuyo dominio directo corresponde a la Nación.

---

[96] El artículo 13.2 del Convenio 169 de la OIT prescribe: "La utilización del término 'tierras' en los artículos 15 y 16 deberá incluir el concepto de territorios, lo que cubre la totalidad del hábitat de las *regiones* que los pueblos interesados ocupan o utilizan de alguna manera". Cursiva nuestra.

En primer término, el Ejecutivo omite el reconocimiento del territorio, violando no sólo su compromiso con los Acuerdos de San Andrés sino también las obligaciones contraídas con el Convenio 169 de la OIT, el cual fue aprobado por el Senado de la República en julio de 1990. En segundo término, el Ejecutivo pretende poner candados a cualquier interpretación que pudiera implicar cambios al artículo 27 constitucional. En ningún lugar de los acuerdos se condiciona el derecho territorial reconocido a los pueblos indios a las "formas y modalidades" del artículo 27, sino a la definición –ya bastante acotada– que se hace en el Convenio 169 de la OIT.[97] A esta definición tendría que sujetarse el gobierno, y no a las restricciones del 27 constitucional.

En otro orden de cosas, los derechos indígenas enumerados en la iniciativa del Ejecutivo se circunscriben de modo prácticamente exclusivo a ciertos aspectos culturales y administrativos propios de las comunidades indígenas (decidir sus formas internas de convivencia y de organización social, económica, política y cultural; elegir a sus autoridades; aplicar sus sistemas normativos en la solución de conflictos internos; preservar y enriquecer sus lenguas...), buscando dejar de lado el derecho de los pueblos indígenas a decidir sobre cuestiones políticas y socioeconómicas que les afectan, pues tales asuntos quedan inexorablemente como competencias del gobierno central.

El propósito central de la iniciativa presidencial es evidente: restringir el ejercicio de los derechos de los pueblos indígenas al ámbito comunal. Con ello se pretende reproducir la atomización y el aislamiento de los indígenas e impedir su articulación en tanto pueblos. El sesgo culturalista y comunalista de la iniciativa del Ejecutivo hace que se eluda la vertiente política del problema étnico-nacional. De ello resulta, independientemente de los discursos y declaraciones, una total ausencia de autonomía y de transferencia de poder a los pueblos indios. Y éste es el problema fundamental al que se enfrentan los pueblos indígenas: la carencia de poder político. Sin transferencia de poder no puede haber autonomía en sentido estricto, y sin poder o autonomía política los indígenas quedan supeditados (como siempre) a la voluntad de los gobiernos de la federación, de los estados y aun de los municipios. Esto es, sin capacidad para decidir la condición política que mejor satisfaga sus aspiraciones históricas y les proporcione los instrumentos para garantizar el pleno desarrollo de su vida económica y sociocultural.

En los Acuerdos de San Andrés y en la propuesta de la Cocopa se deja abierta la posibilidad de que los indígenas puedan reconstituirse como pueblos. Sin embargo, ya que en los Acuerdos de San Andrés no se crea el régimen de autonomía, con sus componentes fundamentales, la propuesta de la Cocopa adolece de las mismas carencias y limitaciones. No obstante, como primer paso o como acuerdos mínimos, los méritos de éstos son inobjetables.

Hasta principios de 1999, los Acuerdos de San Andrés permanecen como un rosario de palabras, mientras su contenido sigue a la espera de ser traducido en leyes y hechos concretos. Al parecer, existen dos perspectivas con respecto a los acuerdos: para el EZLN, en efecto, se trata de cuestiones mínimas y esenciales que deben cuajarse cuanto antes en la realidad nacional, como "un primer paso" para hacer justicia a los pueblos; para el gobierno federal, los acuerdos implican concesiones "excesivas" y hasta "peligrosas", que deben ser descartadas o acotadas aún más. En otras palabras, al gobierno le parecían adecuados los acuerdos en el momento en que los firmó; ahora le parece que sería conceder demasiado. La imagen pública que proyecta es la de un Ejecutivo que da marcha atrás. Al menos entre las organizaciones indígenas existe el consenso de que, con este comportamiento, las autoridades federales incumplen abiertamente su palabra y buscan sustraer de los acuerdos lo que contenían de derechos mínimos. Mientras tanto, el proceso de diálogo se encuentra en su más grave *impasse*. Así las cosas, en el corto plazo no se vislumbra que en México comiencen a encararse en serio las causas que dieron origen al estallido zapatista y al añejo conflicto étnico-nacional.

BIBLIOGRAFÍA

Academia Mexicana de Derechos Humanos, *Manual de documentos para la defensa de los derechos indígenas*, México, AMDH, 1989.

Aguirre Beltrán, Gonzalo, "Integración regional", en *Los centros coordinadores*, México, Instituto Nacional Indigenista, 1962.

———, "Introducción", en Vicente Lombardo Toledano, *El problema del indio*, México, SepSetentas, 1973.

———, *Obra Antropológica IV. Formas de gobierno indígena*, México, Instituto Nacional Indigenista, Fondo de Cultura Económica, Universidad Veracruzana, Gobierno del Estado de Veracruz, 1991.

———, *Obra Antropológica IX. Regiones de refugio. El desarrollo de la comunidad y el proceso dominical en Mesoamérica*, México, INI, FCE, Universidad Veracruzana, Gobierno del Estado de Veracruz, 1991.

Anta Fonseca, Salvador, "Los pueblos indios y el medio ambiente en México", en *La Jornada del Campo*, México, 26 de septiembre de 1995.

Asamblea de Autoridades Mixes (ASAM), "Propuesta de Declaración Universal sobre los Derechos Indígenas", en *Boletín de Antropología Americana*, núm. 19, México, Instituto Panamericano de Geografía e Historia, julio de 1989.

Asamblea Nacional Indígena Plural por la Autonomía (ANIPA), "Proyecto de iniciativa para la creación de las regiones autónomas", en *La autonomía de los pueblos indios*, México, Cámara de Diputados, Grupo Parlamentario del PRD, LVI Legislatura, 1996.

———, *Relatoría General de la II Asamblea Nacional Indígena Plural por la Autonomía*, ms., Lomas de Bácum, Sonora, 27 y 28 de mayo de 1995.

——, *Relatoría de la III Asamblea Nacional Indígena Plural por la Autonomía*, ms., Oaxaca de Juárez, Oaxaca, 27 de agosto de 1995.

——, *Declaración de Jovel*, ms., San Cristóbal de Las Casas, Chiapas, 9 de diciembre de 1995.

——, *Declaración final de la V Asamblea Nacional Indígena Plural por la Autonomía*, ms., Chilapa, Guerrero, mayo de 1996.

Bartra, Armando, *Los herederos de Zapata. Movimientos campesinos posrevolucionarios en México. 1920-1980*, México, ERA, 1985.

——, "No podemos hablar con palabras blandas", en *La Jornada del Campo*, México, 1 de noviembre de 1995.

——, "Unorquismo y neocardenismo en el Guerrero profundo. La participación social en el espejo de los tiempos", *La Jornada del Campo*, año 4, núm. 55, México, 30 de abril de 1997.

Basave, Agustín, "El mito del mestizo: el pensamiento nacionalista de Andrés Molina Enríquez", en Cecilia Noriega Elío (ed.), *El nacionalismo en México*, México, El Colegio de Michoacán, 1992.

Bonfil Batalla, Guillermo, "Programa de formación profesional de etnolingüística", en *Indigenismo y lingüística. Documentos del Foro "La política del lenguaje en México"*, México, Instituto de Investigaciones Antropológicas, UNAM, 1980.

——, *Utopía y Revolución*, México, Nueva Imagen, 1981.

—— y Nemesio Rodríguez, *Las identidades prohibidas. Situación y proyectos de los pueblos indios de América Latina*, Informe a la Universidad de las Naciones Unidas, SCA Project, mimeo., México, 1981.

Burguete Cal y Mayor, Araceli, "¿Quiénes son los 'amigos del indio'?", en *La cuestión étnico-nacional en América Latina*, México, Instituto Panamericano de Geografía e Historia, 1984.

——, "Autonomía indígena", en *Memoria*, núm. 75, México, CEMOS, marzo de 1995.

Calva, José Luis, *La disputa por la tierra. La reforma del*

artículo 27 y la nueva Ley Agraria, México, Fontamara, 1993.

Cárdenas, Lázaro, *Ideario político*, México, Serie Popular ERA, 1976.

Carmagnani, Marcello (coord.), *Federalismos latinoamericanos: México-Brasil-Argentina*, México, Fideicomiso Historia de las Américas, El Colegio de México,
Fondo de Cultura Económica, 1993.

Carrasco, Pedro, "La transformación de la cultura indígena durante la colonia", en VV. AA., *Los pueblos indios y las comunidades*, introducción y selección de B.
García Martínez, Lecturas de Historia Mexicana-2,
México, El Colegio de México, 1991.

Carrillo, Rafael, *et al.*, *Hacia una educación al servicio
del pueblo. Resoluciones y principales estudios presentados en la Conferencia pedagógica del Partido Comunista*, México, Imprenta Mundial, 1938.

Caso, Alfonso, "Los ideales de la acción indigenista", en
Los centros coordinadores, México, Instituto Nacional
Indigenista, 1962.

Cazés, Daniel, "Zapotecas rebeldes rechazan ser indios
profesionales", en *El Día*, Publicaciones Mexicanas,
México, 1 de julio de 1980.

CCRI-Comandancia General del EZLN, *III Declaración de
la Selva Lacandona*, ms., México, enero de 1995.

——, *Comunicado*, ms., 20 de octubre de 1995.

——, *Comunicado*, ms., 22 de octubre de 1995.

——, "Resultados de la consulta a las bases zapatistas
sobre la Mesa 1 de 'Derechos y Cultura Indígena', febrero de 1996", en *Convergencia Socialista*, núm. 1,
México, julio-agosto de 1997.

Centro de Estudios Históricos del Agrarismo en México,
Zapata y el Plan de Ayala, México, CEHAM, 1981.

Cifuentes, Bárbara, "Comentarios sobre educación bilingüe y bicultural", en *Indigenismo y lingüística. Documentos del Foro "La política del lenguaje en México"*,
México, Instituto de Investigaciones Antropológicas,
UNAM, 1980.

Comisión de Concordia y Pacificación (Cocopa), *Reformas constitucionales sobre derechos indígenas*, ms., México, 29 de noviembre de 1996.

Congreso de Organizaciones Indígenas de Centroamérica, México y Panamá, "Documento. Declaración de principios y objetivos del Congreso de Organizaciones Indígenas de Centroamérica, México y Panamá", *México Indígena*, núm. 11, México, agosto de 1990.

Congreso Indigenista Interamericano, *Acta final*, Pátzcuaro, Michoacán, Unión Panamericana, México, 14 al 24 de abril de 1940.

——, "Acta Final del X Congreso Indigenista Interamericano, San Martín de los Andes, Neuquén, Argentina, del 2 al 6 de octubre de 1989", en *Anuario Indigenista*, vol. XLIX, México, Instituto Interamericano Indigenista, 1989.

Congreso Nacional Indígena, "Nunca más un México sin nosotros" (declaración final), en *Servicio Informativo*, 241 (separata), ALAI, Quito, 25 de octubre de 1996.

Consejo de Organizaciones Indígenas y Campesinas de Oaxaca (COICO), *Declaración de Oaxaca sobre Autonomías de los Pueblos Indios*, ms., Oaxaca de Juárez, 20 de abril de 1994.

Constitución Política de los Estados Unidos Mexicanos, Trillas, 2a. reimpresión, México, 1993.

Convención Nacional Democrática, "Síntesis de los Resolutivos de la Convención Nacional Democrática de Aguascalientes, Chiapas", en *El Despertados Ciudadano*, Órgano de Difusión de la CND-DF, núm. 1, México, 12 de septiembre de 1994.

——, *El Navegante*, núm. 3, México, noviembre de 1994.

Convención Nacional Indígena, *Declaración de la Montaña de Guerrero*, ms., Tlapa, Guerrero, 17 y 18 de diciembre de 1994.

Dahl, Robert A., *La democracia y sus críticos*, Barcelona, Paidós, 1993.

"Declaración Universal sobre los Derechos de los Pueblos Indígenas", en *Revista Foro*, año 1, núm. 4, Guatemala, 1993.

Declaración de Huites, Primer Encuentro de Población Indígena Desplazada por la Construcción de las Presas, Municipio de Chòix, ms., 15 de junio de 1996.

Díaz de Jesús, Marcelino, *et al.*, *Alto Balsas: pueblos nahuas en lucha por la autonomía, desarrollo y defensa de nuestra cultura y territorio. Historia testimonial de un pueblo en lucha*, México, Consejo de Pueblos Nahuas del Alto Balsas, Guerrero, A.C., Consejo Guerrerense 500 Años de Resistencia Indígena, A.C., 1996.

Díaz-Polanco Héctor, "La teoría indigenista y la integración", en VV.AA., *Indigenismo, modernización y marginalidad. Una visión crítica*, México, Juan Pablos Editor, 1987.

——, *La cuestión étnico-nacional*, México, Fontamara, 2a. ed., 1988.

——, *Etnia, nación y política*, México, Juan Pablos Editor, 2a. ed., 1990.

——, "Los pueblos indios y la Constitución", en *México Indígena*, núm. 15, México, diciembre de 1990.

——, *Autonomía regional. La autodeterminación de los pueblos indígenas*, México, Siglo XXI, 2a. ed., 1996.

——, *La rebelión zapatista y la autonomía*, México, Siglo XXI, 2da. ed., 1998.

—— y Consuelo Sánchez, "Las autonomías: una formulación mexicana", en *Ojarasca*, núm. 44, México, mayo-julio de 1995.

Dictamen de la Comisión de Administración de Justicia del Congreso del Estado de Oaxaca, Oaxaca de Juárez, Oax., 30 de agosto de 1995.

El fuero municipal mazateco. Legalidad y costumbre en la construcción del municipio huasteco, Grupo de Apoyo a Pueblos Indios, A.C., Consejo de Ancianos de Huautla de Jiménez, Oaxaca, ms., s.f.

Encuentro Continental de Pueblos Indios (I), "Declaración de Quito", en *Servicio Mensual de Información y Documentación*, Separata núm. 130, Quito, ALAI, agosto de 1990.

Encuentro Continental (II): Campaña 500 años de Resistencia Indígena, Negra y Popular, "Declaración de

Xelajú", en *Servicio Mensual de Información y Documentación*, Servicio Especial, ALAI, Quito, 18 de octubre de 1991.

Encuentro Nacional de las Mujeres de la ANIPA, "Conclusiones", en Nellys Palomo (comp.), *Influencias del zapatismo en las mujeres indígenas*, México, Comisión de Seguimiento de Mujeres de la ANIPA, K'inal Antsetik, A.C., 1996.

Entrevista con Floriberto Díaz, "Un camino propio", en *Ojarasca*, núms. 35-36, México, agosto-septiembre de 1994.

Entrevista con Joel Aquino Maldonado, "La autodeterminación yalalteca", *México Indígena*, núm. 8, México, mayo de 1990.

Embriz, Arnulfo (coord.), *Indicadores socioeconómicos de los pueblos indígenas de México*, México, Instituto Nacional Indigenista, 1993.

Equihua, Martín (corresponsal), "Montaña de Guerrero. Un clásico conflicto agrario", en *Ojarasca*, núms. 20-21, México, mayo-junio de 1993.

Espinosa, Gisela, y Miguel Meza, "La organización para el abasto en el sureste de la Costa Chica de Guerrero", en Julio Moguel, Carlota Botey y Luis Hernández (coords.), *Autonomía y nuevos sujetos sociales en el desarrollo rural*, México, Siglo XXI-CEHAM, 1992.

EZLN, *La palabra de los armados de verdad y fuego. Entrevistas, cartas y comunicados del EZLN*, 3 tomos, 1 de enero a 31 de diciembre de 1994, México, Editorial Fuenteovejuna, 1994-1995.

——, "Mensaje del EZLN a la II Asamblea Nacional Indígena", *La Jornada*, México, 3 de junio de 1995.

——, *Bases que presentan los integrantes del grupo de redacción a la plenaria de las partes en relación con el tema Comunidad y Autonomía de la mesa 1 "Derechos y Cultura Indígena"*, ms., San Andrés, 17 de noviembre de 1995.

——, "Propuesta general de los asesores del EZLN", en *CeÁcatl. Revista de la Cultura de Anáhuac*, núms. 74-75, México, diciembre de 1995.

——, "El diálogo de San Andrés y los derechos y cultura indígena. Punto y seguido (febrero de 1996)", en *Convergencia Socialista*, núm. 1, México, julio-agosto de 1997.

EZLN-Gobierno federal, *Proyecto de resolutivo sobre las mesas*, ms., San Andrés, 10 de septiembre de 1995.

——, *Resolutivos acordados por las delegaciones del gobierno federal y el EZLN sobre desagregación del tema, número de invitados, sede y tiempos de la mesa y grupos de trabajo de Derechos y Cultura Indígena*, ms., San Andrés Larráinzar, Chiapas, 3 de octubre de 1995.

——, *Reglamento para el funcionamiento de las mesas y grupos de trabajo*, ms., San Andrés Larráinzar, Chiapas, 3 de octubre de 1995.

——, *Síntesis de la primera sesión*, Mesa 1, Grupo 1, ms., San Andrés Larráinzar, Chiapas, 19 de octubre de 1995.

——, *Síntesis de la segunda sesión*, Mesa 1, Grupo 1, ms., San Andrés Larráinzar, Chiapas, 20 de octubre de 1995.

——, *Pronunciamiento conjunto que el gobierno federal y el EZLN enviarán a las instancias de debate y decisión nacional*, ms., San Andrés Larráinzar, Chiapas, 16 de febrero de 1996.

——, *Propuestas conjuntas que el gobierno federal y el EZLN se comprometen a enviar a las instancias de debate y decisión nacional, correspondientes al punto 1.4 de las Reglas de Procedimiento*, ms., San Andrés, 18 de enero de 1996.

Fabila, Alfonso, *Las tribus yaquis de Sonora. Su cultura y anhelada autodeterminación*, México, Instituto Nacional Indigenista, 1978.

Fernández, Luis M., Ma. del Carmen García *et al.*, "Ganadería, deforestación y conflictos agrarios en Chiapas", en *Cuadernos Agrarios*, núms. 8-9, nueva época, México, 1994.

Frente Independiente de Pueblos Indios (FIPI), *Un proyecto alternativo para la liberación de los pueblos indios de México*, ms., México, 1988.

Foro Nacional Indígena, "Resolutivos de la Mesa 1. Comunidad y autonomía: derechos indígenas (5 de enero de 1996)", y "Documento final: Planteamientos generales", en *Ce-Ácatl. Revista de la Cultura de Anáhuac*, núms. 76-77, México, 25 de enero de 1996.

Gamio, Manuel, *Antología* (introducción, selección y notas de Juan Comas), México, Universidad Nacional Autónoma de México, 1975.

Garrido, Luis Javier, "El nacionalismo priísta", en Cecilia Noriega Elío (ed.), *El nacionalismo en México*, México, El Colegio de Michoacán, 1992.

Gobierno Federal, "Propuesta del gobierno de reformas constitucionales en materia de derechos de los pueblos indígenas", en *La Jornada*, México, 12 de enero de 1997.

Gómez, Pablo, *Los gastos secretos del presidente. Caja negra del presupuesto nacional*, México, Grijalbo, 1996.

González Casanova, Pablo, *La democracia en México*, México, ERA, 1965.

——, *Sociología de la explotación*, México, Siglo XXI, 1987.

Gordillo, Gustavo, *Campesinos al asalto del cielo: de la expropiación estatal a la apropiación productiva*, México, Siglo XXI, 1988.

Hernández, Luis, "La UNORCA: doce tesis sobre el nuevo liderazgo", en J. Moguel, C. Botey y L. Hernández (coords.), *Autonomía y nuevos sujetos sociales en el desarrollo rural*, México, Siglo XXI-CEHAM, 1992.

Hernández Chávez, Alicia, "Federalismo y gobernabilidad en México", en Marcello Carmagnani (coord.), *Federalismos latinoamericanos: México-Brasil-Argentina*, México, Fideicomiso Historia de las Américas, El Colegio de México, Fondo de Cultura Económica, 1993.

Herrera Prats de, Rocío B., "La política indigenista en la actualidad", en *Boletín de Antropología Americana*, núm. 8, México, Instituto Panamericano de Geografía e Historia, diciembre de 1983.

Hewitt de Alcántara, Cynthia, *La modernización de la agricultura mexicana, 1940-1970*, México, Siglo XXI, 1978.

"Indispensables municipios nuevos", en *Ojarasca*, núms. 14-15, México, enero de 1993.

Instituto Estatal Electoral de Oaxaca, *Concentrado de municipios por tipo de elección*, Instituto Estatal Electoral de Oaxaca, Dirección General, 1995.

Instituto Nacional Indigenista, *Bases para la acción indigenista 1977-1982*, México, INI, 1997.

León, Osvaldo, "Movimiento Continental Indígena, Negro y Popular: unidos en la diversidad", en *Cuadernos Agrarios*, núms. 8-9, nueva época, México, 1994.

Lombardo Toledano, Vicente, *El problema del indio*, México, SepSetentas, 114, 1973.

Martínez Cobo, José R., "Informe Final", *Estudio del problema de la discriminación contra las poblaciones indígenas*, Naciones Unidas, Consejo Económico y Social, Comisión de Derechos Humanos, Subcomisión de Prevención de Discriminación y Protección de las Minorías, E/CN.4/Sub.2/1983/21/Add.i, 10 de junio de 1983.

Mejía Piñeros, Ma. Consuelo y Sergio Sarmiento Silva, *La lucha indígena: un reto a la ortodoxia*, México, Siglo XXI, Instituto de Investigaciones Sociales de la UNAM, 1987.

Meyer, Lorenzo, "El primer tramo del camino", en *Historia general de México*, t. 2, México, El Colegio de México, 1988.

Meza, Leonardo, "Petróleo y biodiversidad: ¿enemigos por siempre?", *La Jornada del Campo*, México, 29 de enero de 1997.

Moguel, Julio, "Crisis del capital y reorganización productiva en el medio rural", en J. Moguel *et al.*, *Autonomía y nuevos sujetos sociales en el desarrollo rural*, Siglo XXI-CEHAM, México, 1992.

——, "La lucha por la apropiación de la vida social en la economía cafetalera: la experiencia de la CNOC. 1990-1991", en *ibid.*

—— y Josefina Aranda, "Los nuevos caminos en la construcción de la autonomía: la experiencia de la Coordinadora Estatal de Productores de Café de Oaxaca", en *ibid*.

Moreno Toscano, Alejandra, "Documento Diálogo de San Cristóbal. Del 11 de febrero al 3 de marzo de 1994. Testimonio de Alejandra Moreno Toscano", en *Proceso*, núm. 956, México, febrero de 1995.

Noyola Rocha, Jaime, "La visión integral de la sociedad nacional (1920-1934)", en Carlos García Mora (coord. general), *La antropología en México. Panorama histórico. 2. Los hechos y los dichos (1880-1986)*, México, Colección Biblioteca del INAH, Instituto Nacional de Antropología e Historia, 1987.

Olvera Rivera, Alberto y Cristina Millán Vásquez, "Neocorporativismo y democracia en la transformación institucional de la caficultura: el caso del centro de Veracruz", en *Cuadernos Agrarios*, núm. 10, México, julio-diciembre de 1994.

Organización Internacional del Trabajo (OIT), "Convenio No. 169 sobre pueblos indígenas y tribales en países independientes. 1989", en *América Indígena*, vol. LVI, núms. 3-4, México, julio-diciembre de 1996.

Ortiz Peralta, Rina, "Inexistentes por decreto: disposiciones legislativas sobre los pueblos de indios en el siglo XIX. El caso de Hidalgo", en Antonio Escobar O. (coord.), *Indios, nación y comunidad en el México del siglo XIX*, México, Centro de Estudios Mexicanos y Centroamericanos, Centro de Investigaciones y Estudios Superiores en Antropología Social, 1993.

Partido de la Revolución Democrática, *Declaración de Principios y Programa de la Revolución Democrática*, México, Comité Ejecutivo Nacional del PRD, 1990.

——, *Carpeta de Información al Comité Ejecutivo Nacional*, Secretaría Nacional de Asuntos Municipalistas del Partido de la Revolución Democrática, ms., México, marzo de 1995.

Piel, Jean, "¿Naciones indoamericanas o patrias del criollo? El caso de Guatemala y los países andinos en el siglo XIX", en Antonio Escobar O. (coord.), *Indios, nación y comunidad en el México del siglo XIX*, México, CEMC-CIESAS, 1993.

"Por defender sus intereses, acusan de zapatistas a 73 comunidades de la Mazateca Alta", en *La Jornada*, México, 28 de noviembre de 1995.

Primer Foro Internacional sobre Derechos Humanos de los Pueblos Indios, ms., Oaxaca, octubre de 1989.

Reyes Osorio, Sergio, *et al.*, *Estructura agraria y desarrollo agrícola en México. Estudio sobre las relaciones entre la tenencia y uso de la tierra y el desarrollo agrícola en México*, México, Fondo de Cultura Económica, 1974.

Robles, Rosario, "La Unión de Comunidades del Valle del Mezquital: la autogestión en las tierras de la extrema pobreza", en J. Moguel *et al.*, *Autonomía y nuevos sujetos sociales en el desarrollo rural*, México, Siglo XXI-CEHAM, 1992.

Rojas, Rosa, *Chiapas: la paz violenta*, México, La Jornada Ediciones, Serie Atrás de la Raya, 1995.

Ruiz Hernández, Margarito, "De indios y reformas en la Cámara de Diputados", en *México Indígena*, núm. 20, México, mayo de 1991.

——, "Iniciativa de reformas y adiciones a los artículos 53, 73 y 115 constitucionales", en *Diario de los Debates*, Cámara de Diputados del Congreso de los Estados Unidos Mexicanos, año III, núm. 21, LIV Legislatura, México, 20 de diciembre de 1990.

Sánchez, Consuelo, "Las demandas indígenas en América Latina y el derecho internacional", en *Boletín de Antropología Americana*, núm. 26, México, Instituto Panamericano de Geografía e Historia, diciembre de 1992.

——, "Derechos y cultura indígena en el diálogo de San Andrés", en *Coyuntura*, núms. 69-70, México, marzo-abril de 1996.

Servicio del Pueblo Mixe, "La autonomía: una forma concreta de ejercicio del derecho a la libre determinación y sus alcances", en *Chiapas*, 2, México, IIE, ERA, 1996.

Toledo, Víctor M., "Toda la utopía: el nuevo movimiento ecológico de los indígenas y campesinos de México", en J. Moguel *et al.*, *Autonomía y nuevos sujetos sociales en el desarrollo rural*, México, Siglo XXI-CEHAM, 1992.

——, "La utopía realizándose", en *Ojarasca en la Jornada*, núm. 4, México, agosto de 1997.

Tutino, John, *De la insurrección a la revolución en México*, México, ERA, 1990.

Ulloa, Berta, "La lucha armada (1911-1920)", en *Historia General de México*, t. 2, México, El Colegio de México, 1988.

Willemsen Díaz, Augusto, "Algunos aspectos de las medidas tomadas y actividades realizadas por las Naciones Unidas, en materia de derechos humanos y libertades fundamentales, y su relación con los pueblos indígenas", en *Anuario Indigenista*, vol. XLV, México, Instituto Indigenista Interamericano, 1985.

"Xi'Nich rumbo a México", en *Ojarasca*, núm. 7, México, abril de 1992.

tipografía: delegraf, s.a.
negativos: preprensa digital
impreso en impresora castillo hnos.
fresno núm. 7 – col. el manto
dos mil ejemplares y sobrantes
15 de abril de 1999